AF193129

Círculo Rojo

Conversaciones con mi Padre: El Conocer es Poder

Conversaciones con mi Padre:

El Conocer es Poder

GRACIELA ALICIA MARINO

Círculo Rojo
EDITORIAL

Primera edición: mayo 2024

Depósito legal: AL 1101-2024

ISBN: 978-84-1073-361-9

Impresión y producción: Editorial Círculo Rojo

© Del texto: Graciela Alicia Marino
© Maquetación y diseño: Equipo de Editorial Círculo Rojo

Editorial Círculo Rojo

www.editorialcirculorojo.com

info@editorialcirculorojo.com

Impreso en España - Printed in Spain

A mi padre.

Y a todas aquellas personas que permiten despejar las incógnitas de nuestro paso en esta vida.

Índice

Introducción

«Un buen padre vale más que cien maestros».

JEAN-JACQUES ROUSSEAU

En regla general, la primera relación humana que tenemos al comienzo de nuestra vida es la relación con nuestros padres, que deja en nosotros una huella indeleble que nos acompaña toda la vida. La impronta de esta relación nos contagia e influye en nuestro futuro carácter, puesto que la construcción del carácter está directamente relacionado con la interacción del entorno.

Pero a pesar de esto, con la adquisición de nuestras propias experiencias, de nuestros propios aprendizajes, tenemos la posibilidad de modelar, de rectificar o de cuestionarnos algunos de los paradigmas que hemos vivido a lo largo de nuestras primeras vivencias.

Este trabajo requiere toda una puesta en marcha, para no actuar en piloto automático a lo largo de nuestra vida, pero no todas las personas están dispuestas a ello. Creo que esas personas cometen un error al no tomar las riendas de su vida, al no estar dispuestas a ser el capitán, al no querer tomar responsabilidades.

Todos deseamos estar bien, ser felices, pero ¿qué hacemos para ello?

Mi padre falleció siendo yo una adolescente de 15 años, pero a pesar del breve tiempo que he podido aprovechar de su presencia, aún resuenan en mi mente las preguntas que yo me formulaba, muchas de ellas eran parte de nuestras conversaciones.

Con el correr de los años, mi formación académica y personal se orientó hacia los temas que ya desde niña inquietaban a mi espíritu.

La ciencia ha dado algunas respuestas sobre aquellas cuestiones que ya debatíamos con mi padre al lado de una taza de leche.

En este libro, que decidí titular *Conversaciones con mi padre*, he buscado relatar algunas de las conversaciones que he tenido con él sobre temas filosóficos, científicos, sobre la vida misma.

Hoy, gracias al avance de la tecnología y de las ciencias, disponemos de instrumentos para medir, observar, lo que antes se creía, pero que no se podía demostrar. Contamos con métodos científicos, con estudios, con investigaciones, que nos permiten dar algunas respuestas a esos cuestionamientos.

Además de recordar aquellos diálogos enriquecedores que tenía con mi padre, me resulta interesante subrayar en este libro las nuevas aportaciones sobre esos temas que, a día de hoy, la ciencia nos ha ayudado a dilucidar, aunque aún falte un largo camino por recorrer.

El despertar

La familia, esos lazos de parentesco que hacen que los individuos sientan un primer sentido de pertenencia, que se estructurará, de una forma u otra, según la evolución de cada ser humano.

Vivíamos en una casa pequeña, rodeados de la familia materna. Compartíamos el mismo terreno, pero mi padre se había encargado de construir una casa en la parte delantera del terreno para conservar nuestra privacidad. Recuerdo mi infancia jugando con mis primos los domingos, cuando toda la familia asistía a la cita prevista en la casa de los abuelos maternos. Familia de tradición italiana, donde la abuela amasaba las pastas para toda la familia. La salsa de tomate casera perfumaba la entrada a la cocina, el olor del pan casero recién horneado en un horno de barro hecho por mi abuelo acompañaba en el aperitivo.

Los olores se asocian a emociones y muchos recuerdos están acompañados de ellos, pues los olores son capaces de activar todas las regiones emocionales del cerebro; esto es debido a la interconexión de las regiones cerebrales implicadas en el procesamiento, siendo el sistema límbico —y en especial la amígdala— el centro integrador por excelencia.

Estos recuerdos funcionan como un anclaje que nos remiten a un determinado momento del pasado, en los que podemos recordar de una manera consciente nuestro espacio emocional en aquel preciso instante.

En las mañanas de aquellos domingos, los hombres de la familia se apoyaban en sus ideas políticas para comentar las noticias de la semana. Mi padre observaba como un espectador aquellas charlas a veces acaloradas, que solo cesaban cuando el ruido de la cubertería que transportaban las mujeres señalaba el comienzo de tomar asiento en la mesa.

Esas ideas políticas, que parecía que apuntaban a realidades diferentes a pesar de estar hablando sobre el mismo tema, me hacían percibir una falta de empatía por la opinión del otro, no se escuchaban y, cuando guardaban silencio mientras uno de ellos hablaba, parecía ser la ocasión para elaborar la futura respuesta para dar.

Cuando tuve la oportunidad, le pregunté a mi padre por qué él no daba su opinión sobre los temas que se planteaban. A lo que me respondió: «No vale la pena hacerlo, pues tu tío Ernesto me dijo en una ocasión que no me denunciaba al régimen porque yo era su cuñado».

Platón, uno de los grandes pensadores de la antigua Grecia del siglo V a. C., sostenía el amor por el conocimiento. Planteaba que «solo aquellos que se han consagrado a la búsqueda de la verdad son quienes deben gobernar». Cada cual tiene su propia opinión sobre lo justo y lo injusto sin comprender qué es en realidad la Justicia en sí misma. (Platón, Ramón Alcoberro, pág. 30). Mi padre se había formado en medicina, era un asiduo lector, todo libro que pasaba por sus manos era leído con sumo interés. Quizás esta reflexión de Platón había pasado por sus manos y había decidido aplicarla, pues los miembros de la familia no se destacaban por detenerse en reflexiones más profundas. Mientras las mujeres se ocupaban de colocar en la mesa todo lo necesario para el almuerzo, mi padre nos decía a mi hermana y a mí que teníamos que colaborar en la tarea. En aquella época, las tareas hogareñas eran muy poco compartidas entre hombres y mujeres.

Claudio Naranjo, el reputado escritor y psiquiatra chileno, sostenía que cuando tratamos al otro como un objeto de utilidad se establece un factor de posesividad. Afirma: «El ancestral dominio del hombre sobre la mujer es un precedente de la esclavitud entendida como tal, y cuando el sentido de ser propietario está presente en una relación, la relación se distorsiona mucho». Esta reflexión de Claudio Naranjo describiría las relaciones entre hombres y mujeres adquiridas inconscientemente de manera ancestral. Donde el otro es tomado como objeto, por consiguiente no se establecen relaciones empáticas y efectivamente las relaciones se distorsionan creándose una relación de poder y sumisión.

Por lo tanto, si no ponemos en cuestión este tipo de temas, seguiremos actuando en piloto automático repitiendo situaciones y sufriendo en consecuencia los mismos resultados. El conocido aforismo (frase o sentencia breve y doctrinal que se propone como regla en alguna ciencia o arte) «Conócete a ti mismo» atribuido a varios sabios griegos, entre ellos Heráclito, Sócrates y otros, pone de relieve desde la Antigüedad la importancia de conocerse a sí mismo.

Pero ¿qué significa «conocerse a sí mismo»? El método dialéctico socrático conocido también como «mayéutica» consiste en ayudar a reflexionar al otro por medio de preguntas para alcanzar conocimientos. Sin saberlo yo, en mi infancia utilizaba este método para intentar dar respuestas a las preguntas que me inquietaban.

Mis maestros, con cierta ironía, me clasificaban como la niña de los «por qué». Resulta fundamental para acceder a cualquier conocimiento tener en primer lugar capacidad de asombro, hacerse preguntas, buscar respuestas.

A Sócrates le hablaba una voz interior, una voz sabia: el Daimonion. Una voz interior que le llevaba a filosofar, es decir, a descubrir qué nos dice esa voz interior. Esta importante aportación socrática hace referencia a la consciencia que nace de una reflexión critica. Aprender mediante paradojas significa tomar conciencia de las propias contradicciones y de la falta de coherencia entre lo que decimos y lo que hacemos. Una paradoja sería perseguir la paz con el uso de la violencia (Platón, *El método sócratico, la paradoja y el diálogo,* pág. 50). Este aprendizaje requiere honestidad consigo mismo, en este concepto no hay cabida al autoengaño.

La frase socrática «Solo sé que no sé nada» es el punto de partida del reconocimiento de nuestra propia ignorancia. Pues el hecho de reconocer que «no sé nada» significa para Sócrates el único verdadero conocimiento.

El conocimiento llega desde el interior, es el camino al auto-conocimiento.

Sócrates pensaba que el ser humano se comporta mal porque tiene una idea errónea del bien y no porque quiera obrar mal. Y Platón ve a la ignorancia apoyada en creencias, en las apariencias. Lo que sabemos hoy sobre el pensamiento socrático resulta difícil de determinar, ya que no ha dejado escritos y Platón, su discípulo, es el que divulgó sus pensamientos. Lo cual resulta difícil de distinguir del propio pensamiento de Platón.

El diálogo socrático

El método socrático, llamado mayéutica, se servía del diálogo, para llegar al conocimiento, en donde el maestro por medio de preguntas llevaba al discípulo a llegar a conclusiones por sí mismo, en principio el maestro se presentaba a sí mismo como un ignorante, lo que es conocido como «ironía socrática», luego les hacía unas sucesivas preguntas, que ponían en duda la idea inicial, cuestionando si respondía a un verdadero conocimiento. No puede enseñarse algo a alguien que ya cree saber la respuesta. Por lo que resulta esencial tomar consciencia, darse cuenta del «no saber». Una vez admitido el propio desconocimiento, nuestra propia ignorancia (solo sé que no sé nada), Sócrates iba conduciendo a sus interlocutores con nuevas preguntas y razonamientos, para descubrir una respuesta precisa, de modo que la verdad parecía surgir como un descubrimiento propio. Sócrates facilitaba el acceso a distintas verdades, primero deshaciéndose de pre- juicios o creencias sobre la idea inicial, para luego, a través del diálogo y el razonamiento, permitir la búsqueda de respuestas a la idea inicial. Hoy esta antigua idea cobra relevancia cuando diversos autores sostienen que primero debemos «desaprender». Es decir, el método socrático no buscaba imponer ninguna idea, sino que enseñaba a pensar. Hoy en día, este método es aplicado en algunos ámbitos educativos, donde no se considera al alumno solo como a alguien a quien hay que darle información. En el siglo xx el psicoanalista francés Jacques Lacan practicó el psicoanálisis aplicando la mayéutica, donde el terapeuta facilitaba que el paciente pueda hacer consciente lo que le es inconsciente. El conocimiento del bien era para Sócrates fundamental, ya que el hombre no puede hacer el bien si no lo conoce. Sostenía que todo ser humano aspira a la felicidad y solo la conducta virtuosa la puede proporcionar.

La familia paterna

La relación de mi padre con mi abuelo paterno fue una relación tormentosa. Mi abuelo era propietario de una tienda de muebles de diseño.

La tienda estaba en pleno corazón de la ciudad. Sus clientes pertenecían a la clase alta de la sociedad. Mi abuelo se sentía orgulloso de decir que sus clientes eran este y aquel. Que resultaban ser personajes pertenecientes a reputadas familias con nombre y dinero propio. Mi padre estuvo alejado físicamente de su familia durante años, aunque nunca dejó de estarlo emocionalmente. Recuerdo las conversaciones recurrentes que tenía con mi madre sobre este tema, al que parecía querer encontrarle un sentido. Es curioso, porque mi padre decía que su padre no había sido un padre cariñoso con sus hijos; sin embargo, él con nosotras fue muy maternal y hasta más demostrativo en el afecto que mi madre.

El famoso filósofo y escritor francés Jean Paul Sartre dijo:

«El hombre está condenado a ser libre porque, una vez arrojado al mundo, es responsable de todo lo que hace».

Es decir, somos responsables de lo que hacemos, con aquello que nos han hecho. No somos meros robots, no repetimos siempre lo mismo que nos han hecho. Teniendo en cuenta esta reflexión, puedo comprender por qué mi padre decidió cambiar esa relación de afectos con sus hijas. Porque decidió ser libre.

El encuentro

Teniendo yo 12 años de edad, un día mi padre nos dijo: «Iremos a visitar a mi hermana», a la cual ni mi hermana ni yo conocíamos, por la distante relación que tenía mi padre con su familia. Sabíamos que esta pertenecía a una clase social alta, en donde la mayoría de sus miembros eran abogados, jueces o doctores.

El tener estudios universitarios era norma en aquella familia, y aquel que no tuviese una sólida formación académica parecía ser menospreciado. Aquel día, mi madre se preocupó por el atuendo que íbamos a llevar antes de ir a visitar a la «tía» y, como de costumbre, nos recordó las reglas de educación que seguíamos desde pequeñas, tanto en el trato con los demás como en la formas y la manera de comportarnos en la mesa.

Cuando llegó el día atravesamos la ciudad, llegamos a un barrio que nunca habíamos visitado, llegamos a un piso de planta baja, atravesamos un largo pasillo y mi padre tocó el timbre de la anteúltima puerta.

Al cabo de dos veces de llamar a la puerta una señora, con estilo burgués, abrió la puerta; yo estaba al lado de mi padre y mi hermana y mi madre unos pasos más atrás. «Hola», dijo mi padre. La señora lo miró y con extrañeza le dijo: «Creo que se ha equivocado, señor». Mi padre replicó: «Soy yo, Cacho». Sentí mucha pena por mi padre, ¿cómo su hermana no le reconocía? Entonces la «tía» dijo: «Ohhh, ¿eres tú?».

Nos acogieron con mucha amabilidad, conocí a mis primos mayores, mi primo Eduardo, un muchacho joven con buena presencia, era abogado y mi prima Patricia era abogada y juez, mi tío era director general del Ayuntamiento de la ciudad. Yo me sentía observada y un poco intimidada ante esos extraños integrantes de la familia que acababa de conocer. Como no nos conocían ni a mi hermana ni a mí, comenzaron a surgir toda clase de comparaciones con los miembros de la familia. Al parecer a mi hermana le encontraban una semejanza con mi abuela paterna, de quien afirmaban era una bella mujer; en cuanto a mí, decían que tenía un parecido a una tía muy guapa, de la cual desde hacía tiempo ya no tenían más noticias.

Recuerdo los olores de esa casa, que olía a madera de roble, quizás por los muebles heredados de mi abuelo que tenía mi tía en el salón de la casa. En un costado del salón había un piano, mi tío Eduardo insistió a Patricia, mi prima, que era profesora de piano, que tocara alguna pieza para que todos la escuchásemos. Patricia aceptó, aunque un poco presionada por la insistencia de su padre. Resultó agradable escucharla y remarqué con qué facilidad movía sus dedos por el teclado de aquel piano.

Este primer contacto con estas personas fue para mí el descubrimiento de nuevas cosas, nuevas personas, nueva familia, porque luego de ese primer contacto, la relación con los tíos había crecido, desarrollado y solidificado con el paso del tiempo. A partir de allí tuvimos una relación muy cercana, especialmente con mi tía y con mi prima. Teníamos muchas cosas en común y sobre todo nuestros lazos afectivos se fortificaron y ya no volvimos a separarnos.

Teniendo en cuenta las investigaciones científicas que sostienen que «el entorno puede activar genes o desactivarlos», proceso conocido como regulación genética, y es abordado por la epigenética, este término fue acuñado por el biólogo escocés Conrad Hal Waddington en 1942. La epigenética es la ciencia que estudia los cambios en la función de los genes, sin alterar la secuencia del ADN. En mi opinión las experiencias que vivimos, los factores ambientales, nuestro modo de vida, nos van modelando como si de una estructura de arcilla se tratase.

Por lo que nuestro carácter, que está influido por el entorno, va configurando también nuestro mundo emocional.

El contacto con la lectura

El mundo descrito en la escritura, donde el conocimiento, la imaginación y el descubrimiento se daban cita.

Las conversaciones que tenía con mi padre también eran producto de la práctica de la lectura que realizábamos a diario. Nos daba a leer un artículo de alguno de los tres periódicos que él compraba a diario. Además, era un asiduo consumidor de libros sobre diferentes temas. Se trataba de leer el artículo que nos indicaba en voz alta para aprender a respetar puntos y comas, puesto que una frase puede cambiar completamente de sentido si no respetamos los signos de puntuación. A mí no me parecía de tanta importancia tener en cuenta las comas de un escrito, por lo que me mostraba molesta cuando nos señalaba su importancia. Entonces un día me dijo: «Te daré un ejemplo sobre la importancia de las comas en un relato. No es lo mismo decir "Solicito empleada, inútil presentarse sin referencias" que decir "Solicito empleada inútil, presentarse sin referencias"».

Otra de las tareas era aprender a respirar para vocalizar correctamente. Debíamos leer en voz alta el artículo, para aprender a articular y así tener una buena dicción. Era importante usar un tono de voz correcto, ya que alzar la voz puede resultar agresivo para nuestro interlocutor y utilizar una voz muy baja demuestra inseguridad y puede aburrir al que escucha, o saber utilizar diferentes registros de voz para remarcar una idea. Mirar a los ojos a la persona a quien nos dirigimos; si estamos leyendo, en un momento retener mentalmente la frase siguiente, para decirla mirando a la persona; estar atento a nuestro lenguaje corporal y a nuestras expresiones faciales, ya que no debemos olvidar que estamos trasmitiendo un mensaje y la idea es que este mensaje sea comprendido por el oyente. Debíamos describir el tema que trataba el artículo en cuestión, debíamos deducir si el artículo era objetivo o si el autor influía en el lector con su opinión. Y finalmente dar nuestra propia opinión sobre ese artículo. Sin querer imponer nuestra idea como válida, ya que este ejercicio entrenaba también nuestra capacidad de escucha, para que todos podamos aprender, reflexionar y aportar ideas desde una postura sosegada. Este ejercicio que ya hacíamos con ocho años de edad nos facilitó la comunicación verbal, la capacidad de expresión y sobre todo nos ayudó a cultivar nuestra manera de pensar.

Cuando daba mi opinión sobre el artículo que leía, había una serie de preguntas que mi padre me hacía sobre el tema; además, él me aportaba otros datos que me resultaban aclaratorios. Este hábito de la lectura puede resultar escabroso para algunas personas, y como todo hábito requiere un entrenamiento. Al principio demanda un esfuerzo, hasta que lleguemos a disfrutarlo. Hoy, puedo decir que soy lectora, ya no por obligación, sino por placer. Si bien es cierto que hay temas que pueden interesarnos más o menos. Siempre recuerdo la reflexión de la madrina de mi hermana, la señora Rosa Sentzder, una persona que vivía sola por elección propia. Y un día le pregunté si se sentía sola y me respondió: «No, no me siento sola si tengo un libro para leer». Me pareció una bonita reflexión, puesto que reflejaba la grata compañía que puede significar un libro.

Hay libros que dejan huella en nosotros. Cuando se pregunta a alguien «¿Qué libro te marcó por alguna razón?», generalmente lo recordamos fácilmente, porque ese libro fue leído por nosotros en un momento particular de nuestra vida y seguramente recordemos el ambiente donde nos desenvolvíamos cuando leíamos ese libro. Los libros pueden abrirnos puertas a conocimientos, a descubrimientos, a invenciones, es como si entrara en nuestro cerebro, en nuestro espíritu, una serie de datos para que podamos tener una visión más amplia sobre las situaciones, nos invita a escuchar distintos puntos de vista de los personajes del relato, y a reflexionar sobre ese aprendizaje. Es un pasaporte a la sabiduría, entendiendo por sabiduría a esa cualidad que posee una persona apoyada en unos conocimientos sólidos, no solo a nivel académico, sino también espirituales, sostenidos por una serie de valores como la bondad, la serenidad, la compasión, que nos proporciona discernimiento para estar acorde con esos valores, o no. De modo que los libros eran en nuestra casa un elemento de peso.

Mi padre se levantaba temprano y salía a comprar los periódicos que leía a diario, eran dos periódicos matutinos y un tercer periódico por la tarde. Y de forma semanal leíamos una revista llamada *Anteojito*, una revista infantil con juegos, historietas y juegos didácticos. Los jueves por la mañana recibíamos cada una de nosotras la revista semanal, que mi padre había ido a comprar al kiosco de periódicos. Para mí era una alegría tener la revista de la semana, de modo que me levantaba contenta a desayunar. Con el tiempo nuestra propia biblioteca iba acumulando revistas y también libros de cuentos de literatura clásica, que nos dejaban reflexiones, y aprendíamos moralejas, sobre la historia contada. Nos dejaban una enseñanza de vida.

Recuerdo la fábula de *La Hormiga y la Cigarra*, supuestamente creada por Esopo, un escritor de la antigua Grecia, y recreada por el francés Jean de la Fontaine, en donde se describe el arduo trabajo realizado por la hormiga durante los meses de calor para recoger alimentos y almacenarlos para los periodos de escasez. La cigarra, mientras tanto, cantaba y se burlaba del trabajo realizado por la hormiga. Llegado el invierno, la hormiga tiene en su casa todo lo necesario hasta la próxima primavera, mientras que la cigarra muere de hambre y de frío. La moraleja de este relato deja en evidencia que el esfuerzo de la hormiga tiene su recompensa, debemos realizar un esfuerzo cuando queremos conseguir un objetivo, nuestro esfuerzo tiene una consecuencia, como así tiene consecuencias el no realizar ningún esfuerzo. Este relato, como otros tantos, nos ha dejado una enseñanza de vida. En el cuento de *Caperucita Roja,* de Charles Perrault, la moraleja deja como aprendizaje el desconfiar de los desconocidos.

¿Por qué son tan importantes los cuentos? Mismo, ya siendo adultos las historias nos acercan a la comprensión del mensaje que nos quieren trasmitir. Quizás sea porque las historias, los cuentos, facilitan el desenvolvimiento de nuestras capacidades interpretativas, de nuestras capacidades de comunicación, viendo en perspectiva la historia narrada. Las historias, las leyendas populares son maneras de contar cosas que ocurrieron o de contar cosas imaginarias. Y van más allá de ofrecernos un entretenimiento o una diversión. Porque sirven para conocer más, sobre una tradición, sobre una creencia. ¿Por qué nos gusta escuchar o contar historias sin importar la edad que tengamos? Al parecer, porque los relatos influyen sobre nuestras emociones y nos conectan con el tiempo del relato. Nos permiten viajar en el tiempo, nos permiten activar nuestra imaginación, nos involucramos con los personajes, intentamos entender por qué actuaron de determinada manera. El relato nos deja una enseñanza sobre algo en particular. Como el cuento de la cigarra y la hormiga, donde la actitud de ambos protagonistas nos deja una enseñanza. Los cuentos, las historias, las leyendas, los mitos tienen el poder de mover nuestras propias emociones, desde nuestra zona de confort, en donde nos sentimos seguros y tomamos la posición de espectador.

¿Y qué sabemos hoy?

G racias al aporte de las últimas investigaciones, de diversos trabajos realizados en el estudio del cerebro, se ha podido constatar que los relatos activan las mismas áreas cerebrales que se activarían si estuviéramos en la situación descrita. Es decir, nos volvemos empáticos con los personajes, pudiéndonos generar risa o llanto, mientras estamos en la trama del cuento, en lo que los psicólogos llaman «transporte narrativo». Aprendemos con la experiencia, y el relato nos permite vivir las situaciones de los personajes. Para mí, una razón de peso en las historias es que creamos conexiones con nosotros mismos, esto nos hace sentirnos parte del mundo, parte del todo y ese sentir es muy sanador. Porque acalla a nuestro ego, que tiene una visión muy limitada del ser y del sentir. Nuestro ego está muy presente en nuestra mente, debemos darnos cuenta de esto, para poder darle al ego el lugar que le corresponde.

Todo ser humano cobija en su interior diferentes personajes, como pueden ser los héroes, los villanos. Y a través de esos relatos reconocemos a esos personajes, y aceptamos la posibilidad de que puedan volar, de que puedan hacer magia, de que puedan viajar en el tiempo. Es decir, nos permitimos desplegar nuestra imaginación. El relato crea el sustento para desarrollar esa narrativa, con un toque de poesía. Somos el espectador, y, como tal, podemos desplegar nuestra imaginación, esa capacidad a la que el científico más relevante del siglo xx, Albert Einstein, definió como «más importante que el conocimiento».

Las etapas del sueño

Un día cayó en mis manos un extenso artículo titulado *Las etapas del sueño*. Que, como a diario, debía leer, siguiendo las consignas establecidas. El artículo relataba cómo se desarrollaban los ciclos del sueño, los cambios fisiológicos que se producían y las alteraciones que experimentaba nuestra mente en esta etapa; subrayando la importancia del sueño para nuestra salud física y mental. Revelando cómo se organizan las fases del sueño. Conocidas como el ciclo no REM y el ciclo REM (siglas que corresponden a su nombre en inglés, *Rapid Eye Movements,* o movimientos oculares rápidos).

Para poder estudiar y medir la actividad cerebral durante este periodo, se utilizan diversos instrumentos, tales como el electroencefalograma (EEG), el electromiograma (EMG) y el electrooculograma (EOG), que registran parámetros electrofisiológicos.

Sabemos que nuestro cerebro produce impulsos eléctricos (potenciales de acción) que viajan a través de nuestras neuronas. Estos impulsos eléctricos producen ritmos que son conocidos como ondas cerebrales. Los impulsos eléctricos son información que viaja de neurona a neurona, haciendo uso de cientos de miles de ellas, para lograr transportarse y ejecutar una función determinada. La actividad de las ondas cerebrales puede ser observada por un electroencefalograma o EEG. Las investigaciones han mostrado que, aunque un estado cerebral puede predominar en un momento dado, los tres tipos de ondas restantes están también presentes en todo momento (psicología de la percepción visual, cerebro-mente y conciencia).

Cuando nos vamos a dormir, las ondas cerebrales van pasando sucesivamente de beta a alfa, theta y finalmente delta. Durante el sueño, se producen ciclos que duran unos 90 minutos. El ciclo no REM se divide en 4 fases: fase 1 y fase 2, lo que podemos denominar sueño ligero, y la fase 3 y fase 4, el sueño profundo. Durante el sueño REM los ojos se mueven sin parar mientras soñamos, durante esta etapa el cerebro tiene mucha actividad y su riego sanguíneo es casi el doble.

Las ondas cerebrales que predominan en nuestro cerebro, según el estado que nos encontremos, son:

Ondas Beta. Antes de entrar en un estado de somnolencia, nuestro cerebro se encuentra en una actividad intensa. Gracias a esto podemos resolver actividades intelectuales, puesto que nuestro cerebro se encuentra emitiendo este tipo de ondas.

Ondas Alfa. Cuando nos relajamos, o disfrutamos de una actividad, predomina un estado Alfa. Sería como la antesala del inicio al descanso, al sueño. En la fase 1 pasamos de la vigilia al sueño, vuelve a repetirse si nos despertamos. Nuestro organismo realiza unos ajustes fisiológicos que nos preparan para la entrada a la fase 1. Respiramos uniformemente, nuestra actividad cerebral se hace más lenta. Los ojos se mueven lentamente y se ralentiza la actividad muscular. Conforme más practiquemos técnicas de relajación consciente, entraremos más fácilmente al nivel Alfa.

Ondas Theta. Se alcanza en un estado de meditación profunda, es considerado un estado inspirador donde pueden aparecer soluciones creativas, a menudo podemos tener las mejores ideas, cuando predomina este tipo de ondas.

Ondas Delta. Son las ondas que predominan en un estado de sueño profundo.

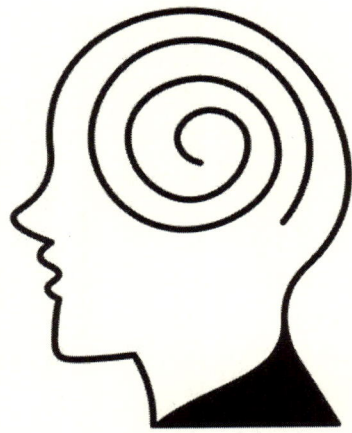

ONDAS BETA: *ESTADO DE VIGILIA, SE PERCIBE EL TIEMPO Y EL ESPACIO.*

ONDAS ALFA: *EN ESTADO DE MEDITACIÓN, AUMENTO DE LA MEMORIA . DESARROLLO DE LA INTUICIÓN.*

ONDAS THETA: *EN ESTADO DE MEDITACIONES PROFUNDAS, CONEXIÓN CON EL INCONSCIENTE.*

ONDAS DELTA: *EN ESTADO DE SUEÑO PROFUNDO Y REPARADOR.*

¿Cómo entramos al mundo de los sueños?

Hoy sabemos algo más sobre el mundo de los sueños, porque se han investigado y se sigue investigando en prestigiosos laboratorios del mundo. Estos estudios se realizan en salas especializadas llamadas «unidades del sueño», donde se estudian las funciones corporales durante esta etapa, se mide el oxigeno en sangre, la frecuencia cardíaca, la frecuencia respiratoria. Este estudio es conocido como polisomnografía. La evidencia científica ha confirmado que el dormir es fundamental para nuestra salud, más importante aún que el comer, pues podemos estar unos días sin comer, pero estar sin dormir resulta devastador para nuestra salud física y mental. Vamos a conocer un poco más por qué los científicos, los investigadores, realizan estas afirmaciones. Cuando despertamos de un sueño profundo, la frecuencia de las ondas cerebrales se va incrementando progresivamente, pasando de delta a theta, luego alfa y, finalmente, beta. Durante este proceso de despertar, no es extraño que una persona permanezca en un estado theta durante un tiempo (por ejemplo, unos 15 minutos). Esto nos permite tener un libre flujo de ideas, a veces podemos recordar parte de un sueño, a nivel emocional estamos en general en un estado neutro. Las investigaciones han demostrado que, aunque un estado cerebral puede predominar en determinados momentos, los otros tipos de ondas cerebrales están presentes en menor expresión. No olvidemos que los ciclos de luz y oscuridad son los que facilitan la entrada al mundo de los sueños. Mientras entramos en un estado de somnolencia los movimientos oculares se enlentecen como también nuestra actividad motora. Esta fase del sueño es conocida por las siglas **no REM** del inglés (*non-rapid eye movements*) o **no MOR** en español (sin movimientos oculares rápidos). Recordemos que los movimientos oculares rápidos se producen en la fase **REM** o **MOR,** que es la fase cuando soñamos. ¿Y qué ocurre mientras soñamos? En primer lugar podemos hablar de una desconexión del mundo real; es decir, los pensamientos, las imágenes internas forman una nueva realidad, pasamos un tercio de nuestra vida durmiendo. La neurociencia ha descubierto que nuestro cerebro está más activo cuando estamos dormidos que cuando estamos despiertos. Se ordenan nuestros recuerdos, aquellos que hemos vivido durante el día, y para deshacernos de imágenes o recuerdos que nos resultan intrascendentes. Al dormir se ensancha el espacio que hay entre las neuronas permitiendo *el barrido de las toxinas acumuladas durante el día*. A este sistema de limpieza se lo denomina «sistema glinfático». Este sistema fue descubierto en 2012 por unos neurocientíficos de la universidad de Rochester en Estados Unidos. Estos estudios ha abierto el camino para el estudio de las enfermedades autoinmunes y neurodegenerativas. Son descubrimientos no muy antiguos, ya que en este terreno (en el estudio del cerebro) se va avanzado en los últimos años aunque aún queden varias vías por explorar.

La melatonina fue identificada por el dermatólogo estadounidense Aaron Lerner en 1958, esta hormona es segregada por la glándula pineal y se sintetiza también en diferentes órganos. Esta hormona juega su papel en los ciclos de vigilia y de sueño, como también para la producción de la hormona del crecimiento.

El ritmo circadiano. Este ritmo biológico nos lleva a la transición entre el sueño y la vigilia y se asocia a estímulos de luz. Cuando empieza a oscurecer nuestro cuerpo comienza a aumentar de temperatura corporal y comienza a segregar melatonina y empezamos a sentir somnolencia, también a primera hora de la tarde generalmente después de comer, hay un aumento de temperatura corporal y de melatonina, que es el origen de la siesta. Entre algunas de las cosas que se saben de esta hormona, es que es una de la hormonas que hace que los genes PER1 PER2 se activen y evite que haya mutaciones o tumores. Por la mañana, al exponernos a la luz, la melatonina comienza a disminuir para entrar en la etapa de la vigilia. Existen también factores externos que intercedan en el ciclo circadiano como, por ejemplo, viajes en avión, horarios de trabajos nocturnos, uso de ordenadores. Por eso es fundamental tener lo que se denomina una higiene del sueño, es decir, mantener un horario de sueño, realizar una serie de rutinas para crear un ambiente de relajación que propicie el descanso. La producción de melatonina disminuye con la edad y comienza a decaer hacia los 40 años. Algunos de los alimentos que son considerados precursores de la melatonina son las cerezas, la avena, las nueces, los tomates, el arroz, el vino tinto. De modo que una buena alimentación, como es sabido, ayuda a mantenernos en equilibrio y en buena salud. El déficit de esta hormona, así como su superávit producido por la ingesta excesiva, pueden ir acompañado de insomnio, depresión y podría provocar una aceleración del envejecimiento. Mientras dormimos nuestro cerebro está activo, realiza varias funciones como, por ejemplo, se deshace de productos de la actividad neuronal que se acumulan durante la vigilia.

¿Pero qué pasa en nuestro cuerpo y en nuestro cerebro mientras dormimos?

Durante el sueño, nuestro organismo realiza tareas de limpieza deshaciéndose de lo que se conoce como *detritos,* que son residuos que están en el organismo. También se incrementa la actividad de linfocitos, que son células que se encargan de generar anticuerpos. De modo que el acto de dormir «regenera» a nuestro organismo físicamente y a nivel mental reorganiza la memoria y se limpian los subproductos de la actividad neuronal. ¿La melatonina solo nos induce al sueño? También tiene un papel fundamental en la regulación del sistema inmunológico y es un antioxidante muy potente. ¿Pero qué es un antioxidante? Son compuestos químicos que nuestro organismo utiliza para neutralizar a los radicales libres. ¿Y qué es un radical libre? ¿Por qué son dañinos y aceleran el envejecimiento? Debemos saber lo siguiente, para dar respuesta a esta pregunta. La materia está formada por átomos y la molécula es la unión de dos o más átomos, que están rodeados por unas partículas conocidas como electrones que giran alrededor del átomo. Para mantenerse enérgicamente estables estas moléculas se emparejan entre sí. Por diversas causas como pueden ser los rayos solares o la contaminación, entre otras, este equilibrio se ve afectado. Entonces, cuando estas moléculas pierden un electrón hablamos de radicales libres. Son moléculas inestables. Y estas «roban» un electrón a otra molécula para mantener su equilibrio y esto genera graves daños a la células de la piel, así como a nuestros niveles de colágenos, y esto puede llevar a un envejecimiento prematuro de la piel y también están implicados en muchas enfermedades. Pero los antioxidantes estabilizan esta situación, dando el electrón que le falta a la molécula para que recupere su estabilidad y así «parar» el robo a otras moléculas y su consecuente daño.

La melatonina es muy importante durante la infancia. Porque influye sobre el desarrollo de tejidos y células. Quizás la creencia popular, eso que nos aconsejaban las abuelas..., «Dejad dormir al niño que así crece», tenga algún sustento de realidad, ya que el sueño ayuda a ajustar las conexiones neuronales, además de que, como hemos dicho antes, la melatonina es necesaria para la producción de la hormona del crecimiento.

La información acumulada durante el día del entorno es procesada al dormir. En estudios que se han realizado durante el sueño se ha demostrado que se activan las áreas relacionadas con la creatividad y el aprendizaje. Es el hipocampo, el área del cerebro, la encargada de llevar la información de la memoria a corto plazo, es decir, la memoria de los sucesos recientes, a la corteza prefrontal que se encarga de almacenar los recuerdos. Utilizando un término de la informática es como si nuestro cerebro se resetease, es decir, hace una limpieza de desechos neuronales, y también se integran datos nuevos y útiles a nuestra memoria.

Según estudios publicados recientemente en la revista *Science Advances*, es en la fase del sueño REM donde se convierten las experiencias vividas en recuerdos duraderos. Acompañados por la ciencia estamos conociendo cada vez más sobre cómo funcionamos interiormente, esa máquina perfecta, como algunos apodan al «ser humano», está siendo investigada desde un punto de vista holístico, integrador, donde todo está conectado. Estaríamos en una época donde se comienza a escalar en este conocimiento, que abarca lo físico, lo mental y lo espiritual, en consecuencia, sobre la totalidad del ser humano.

Son fascinantes todos estos avances científicos, no solo por ayudar a aproximarnos a nuestro conocimiento interior, sino también a esa invitación que nos proponen muchos autores e investigadores para empezar a entrenarnos en esas capacidades y habilidades que todos tenemos, sosteniéndose en los resultados de las evidencias científicas.

Los trastornos del sueño

¿Cuántas veces hemos intentado descifrar nuestros sueños, para comprenderlos? ¿Por qué aparecen sin lógica, son atemporales y con un fuerte contenido emocional? ¿Por qué se presentan así? Las investigaciones afirman que durante el sueño la química del cerebro cambia:

—Ya no se organizan los pensamientos.
—La conciencia desaparece, lo que da lugar a la fantasía.
—La imaginación se despliega sin límites.
—El sistema límbico, que es donde se regulan las emociones, aumenta su actividad.
—La corteza prefrontal, el área del cerebro que controla los procesos lógicos, se apaga.

Por consecuencia entramos en un estado mental completamente diferente al que estamos en el estado de vigilia.

Todos hemos oído o experimentado un estado de sonambulismo, también llamado noctambulismo, suelen tener lugar en la fase del sueño no REM, en el que la persona puede realizar actividades motoras, caminar, hablar, sentarse en la cama, abrir los ojos, y otras conductas, mientras está dormida, pero no recuerda nada de este estado cuando despierta. Según los expertos, afecta más a niños que a adultos. Y se supera, por lo general, antes de los diez años. A menudo se produce entre una o dos horas de quedarse dormido. ¿Pero a qué se debe? Bueno, su causa es desconocida, y no comporta un tratamiento específico. Así como los terrores nocturnos, las pesadillas o la parálisis del sueño son trastornos sobre los cuales aún no se conoce el origen. En lo que sí coinciden varios investigadores es que factores como la ansiedad, el estrés, contribuyen a que estos trastornos se presenten. Quizás el equilibrio del sistema hormonal del sueño y la vigilia influya en estos trastornos. Por lo que es importante tener acceso a técnicas de relajación que puedan ayudar a que estos trastornos no sean demasiado frecuentes.

Método militar

Curiosamente hasta en el plano militar han tomado prestado del campo de la neurociencia, del campo de la psicología, métodos para lograr un objetivo determinado, formando, entrenando, a sus soldados en ese método durante semanas. La marina de los Estados Unidos utiliza un método para quedarse dormido en menos de un minuto. A este método lo denominan «método militar». Este método lo utilizan para facilitar a sus marines el quedarse dormidos rápidamente. Pasan por un entrenamiento de seis semanas para perfeccionar el método, a pesar de estar en un ambiente hostil, como puede ser estar en una guerra con disparos de fondo.

Los pasos que describen para alcanzar el ansiado sueño son los siguientes:

—Relajar toda la cara y sus músculos.
—Relajar hombros y colocar las manos a un lado del cuerpo.
—Exhalar relajando el pecho.
—Relajar todas las partes de las piernas.
—Imaginar una escena relajante, durante 10 segundos; si esto no funciona, repite la frase «No piense» durante 10 segundos.

Después de estos pasos se debería estar dormido.

La respiración es fundamental a la hora de alcanzar el silencio mental. Sirviéndose del conocido método de respiración 4-7-8 utilizado en el yoga. Este método, que sirve para relajarse y dormirse rápidamente, fue estudiado por Andrew Weil, médico estadounidense, y consiste en inhalar por la nariz contando mentalmente hasta cuatro, retener el aire contando mentalmente hasta 7 y exhalar por la boca durante 8 segundos, imaginando que toda la tensión sale del cuerpo al exhalar. Se realiza esta respiración durante cuatro respiraciones completas.

También se utiliza *la relajación progresiva de los músculos*, conocida como relajación progresiva de Jacobson, creada hacia 1920 por el médico estadounidense Edmun Jacobson, que consiste en tensar y relajar distintos grupos de músculos de nuestro cuerpo. Esta técnica, al igual que la respiración, puede ser utilizada en nuestra vida cotidiana, como una herramienta que nos permita lograr un mayor autocontrol ante distintas situaciones estresantes que se presenten en nuestra vida. Este aprendizaje lleva un entrenamiento como cualquier otro. Al principio cometeremos errores, será lento y nos llevará dedicación, así como cuando aprendimos a leer, escribir, a nadar o cualquier otra habilidad que hayamos querido entrenar. Pero con la práctica regular, cotidiana, alcanzaremos este objetivo y obtendremos mejores resultados. Nuestro cuerpo responde a los pensamientos que provocan ansiedad tensando diferentes grupos de músculos. Cuando utilizamos esta técnica y aprendemos a relajar esos músculos bloqueamos la ansiedad provocada por nuestra mente. Aprendemos poco a poco a reconocer la tensión y a relajar el cuerpo teniendo así un mayor autocontrol. Es necesario instalar en nuestra cotidianidad el hábito de practicarla. Al comienzo de la práctica debemos buscar un sitio tranquilo, evitando ruidos que nos distraigan donde nuestro espalda tenga un apoyo. Llevar ropa cómoda y llevar nuestra atención a los diferentes músculos que queremos trabajar.

Empezamos por *las manos*, tensándolas unos cinco segundos y luego relajándolas de manera que nos hagamos conscientes de las señales físicas que aparecen cuando mantenemos la tensión y las señales físicas que experimentamos al relajar esos músculos. Procedemos de la misma forma con los brazos. Tensándolos y relajándolos. Para trabajar los músculos de la *nuca* apretamos tensando los músculos de la nuca contra el respaldo de un sillón o cualquier superficie donde podamos apoyar la cabeza durante cinco segundos, luego relajamos un minuto y nos hacemos conscientes de cómo nuestra cabeza descansa y se relaja.

Cuando queremos trabajar *la frente y el cuero cabelludo* comenzamos elevando las cejas durante 5 segundos y luego relajamos estos músculos durante 10 segundos. Sonreír para crear tensión en los músculos de la cara y relajar durante 10 segundos. Para trabajar *los músculos de la lengua* colocamos la lengua en la parte superior del paladar y presionamos hacia arriba apretándola contra el paladar, posteriormente relajamos la lengua dejándola caer, percibiendo las sensaciones que vamos experimentando. Los *músculos de la cara* podemos tensarlos apretando los labios uno contra otro, durante unos segundos para luego relajar dejando los labios entreabiertos. Podemos fruncir los *ojos y el entrecejo* tensando toda esta zona fuertemente durante unos 5 segundos y después posteriormente relajamos los músculos existentes alrededor de los ojos y de la frente.

Para *la relajación de la mandíbula,* se aprieta fuertemente la mandíbula durante unos segundos y se relajan los músculos abriendo la boca; seguidamente se mueve la mandíbula hacia la izquierda, volviendo hacia el centro destensando los músculos y se repite el movimiento hacia la derecha, relajando por completo. Este ejercicio puede resultar muy útil en los casos de bruxismo en los que se instala de forma inconsciente el hábito de apretar la mandíbula y los dientes. De modo que si aprendemos a relajar esta zona contaremos con un «antídoto» contra esta tensión que nos generamos inducida por nuestros pensamientos cargados de estrés y ansiedad.

Cuando sintamos una presión en el *pecho* podemos practicar la respiración 4, 7, 8 que hemos descrito anteriormente. Para destensar *el estómago* encogeremos fuertemente los músculos del estómago como si nos preparáramos para recibir un golpe, luego relajamos y dejamos caer esa tensión, siempre prestando atención a las sensaciones que nos produce tensar y relajar.

Para trabajar *nalgas y piernas* extendemos las piernas hacia delante tensando hasta las puntas de los pies que se dirigen hacia abajo, procediendo de la misma manera que con los otros grupos de músculos, tensando y relajando.

Finalmente toda nuestra atención debe estar dirigida a la relajación de todos los músculos que hemos trabajado sintiendo cómo nos dejamos ir, sintiendo cómo todo nuestro cuerpo se va hundiendo en el sofá o la cama donde hemos realizado los ejercicios. Durante ese momento mantengamos los ojos cerrados y tratemos de guardar esa sensación en nuestra mente, relacionándola con una imagen relajante que hayamos creado para acompañar a estos estados, como, por ejemplo, una playa tranquila, una pradera verde o cualquier otra imagen que hayamos elegido. Esto nos permitirá, una vez aprendida la técnica, utilizarla de una forma rápida cuando nos enfrentemos a situaciones de tensión, estrés o ansiedad.

Capacidades humanas

E s en este siglo XXI cuando cada vez se hace más evidente valorar las *capacidades humanas*, con el objetivo de desarrollarlas, entrenarlas, para lograr el mejor desempeño socioeconómico y conductual de cada ser humano, puesto que son los individuos los que pueden llevar a cabo el éxito individual y profesional. Se comienza a dar peso a estas habilidades, no solamente desde el punto de vista filosófico o académico, sino tomando consciencia desde el punto de vista práctico. La sociedad del siglo XXI requiere cambios. Las relaciones interpersonales, las relaciones laborales, han cambiado. Ha cambiado el concepto de la familia, la unidad básica de una sociedad. Una amiga me comentaba que sus hijas preadolescentes ya tienen muy claro los conceptos de las siglas del LGTBI y de otras siglas que definen distintos tipos de relaciones humanas. Cada vez es más común oír hablar de diferentes modelos de familia. La tecnología también ha modificado nuestro día a día, en el modo de comunicarnos con nuestros familiares y amigos. El contacto físico seguirá siendo relevante para nuestra buena salud mental, aunque muchas veces, lamentablemente, no esté en primer plano este tipo de contacto.

Quizás por todo esto, diversos pensadores sostienen que este siglo será el siglo en el que se deberá conocer, se deberán entrenar diversas habilidades como el pensamiento crítico, la creatividad, la inteligencia emocional, la capacidad de resolución de problemas, la comunicación, para poder dar la respuesta más adaptativa a este cambio social. Cuando el *pensamiento crítico* se entrena, da lugar a una mirada más amplia de la realidad. A través de la educación podemos ir más allá y no quedarnos en la apariencia de esa realidad que percibimos, leer entre líneas, ver el trasfondo, para que no nos lleven a falsas creencias. Si no entrenamos este pensamiento crítico, seremos fácilmente manipulados, inducidos a ver una determinada realidad que nos quieran imponer, quitándonos nuestra capacidad de libertad y de elección. Seremos piezas para mover dentro de un tablero, social o político, realizado por hábiles manipuladores. El pensamiento crítico se remonta a la antigua Grecia. Ya Sócrates, con su mayéutica (la reflexión por medio de preguntas), sostenía el pensamiento crítico. Desde la antigua Roma, la expresión «pan y circo» hace referencia a la entrega de pan y entretenimiento, para mantener en calma al pueblo, para poder someterlo. En la época, estos entretenimientos se realizaban en el coliseo romano, para mantener al pueblo sojuzgado, mientras los señores que estaban en el poder disfrutaban de lujos a los que el pueblo no tenía acceso. Esta expresión, «pan y circo», señala el escaso pensamiento crítico que tenían las masas al conformarse con los entretenimientos que se le ofrecían (el circo) y resignarse con unos pedazos de hogazas de pan. Una manera de calmar a esas masas, que no practicaban o no ejercían el pensamiento crítico. Pero este ejercicio de manipulación no pertenece solo a aquella época, hoy día, podemos ver este mecanismo en la sociedad y en la política. No olvidemos que la política es la intención de un grupo de personas de cumplir una ideología y alcanzar determinados objetivos. Por lo tanto, en nuestra sociedad, estamos afectados por esas ideologías, que influyen en nuestra vida diaria. Nuestro pensamiento crítico debe ser sólido y estar entrenado, para que podamos «darnos cuenta» de aquello, que nos presentan como una realidad absoluta. Y eso solo lo lograremos entrenando, entre otras cosas, una mente abierta.

¿Qué es la inteligencia emocional?

Este concepto fue desarrollado por Daniel Goleman, antropólogo, psicólogo, periodista y escritor norteamericano, mundialmente reconocido, quien publicó en 1995 el libro *Inteligencia emocional*, que resultó ser un *best-seller* mundial, vendiendo más de cinco millones de copias en todo el mundo, pues ofrece un enfoque más amplio de lo que es la inteligencia humana.

En este libro este investigador detalló la importancia de entrenar nuestro mundo emocional. Este tipo de inteligencia está compuesta por una serie de habilidades que, si se entrenan correctamente, pueden producir un mayor índice de éxito y, como su nombre lo indica, son las emociones las que tienen un gran peso en nuestra vida. Apoyado en serias investigaciones científicas, el doctor Goleman describe la importancia de conocer y gestionar nuestras emociones, tanto las propias como las ajenas.

El autor nos habla del control de impulsos, de la empatía, de los sentimientos, de la agilidad mental, del autoconocimiento, de la motivación, del entusiasmo y de diversas capacidades que debemos conocer y entrenar para vivir de forma más plena. También nos señala que, si no se valoran estas capacidades, transitaremos por episodios más frecuentes de malestar. Llevándonos a padecer depresiones, a un mayor desarrollo de la agresividad, a trastornos alimentarios, a falta de éxito laboral, a un estado más oscuro de lo que nos merecemos.

Pero también nos señala que podemos fortalecer nuestra inteligencia emocional. Podemos mejorar los diferentes aspectos que entran dentro de este concepto, como la creatividad, la resolución de problemas, una mejor comunicación, podemos lograrlo si de verdad nos proponemos hacerlo.

Servirnos de nuestra propia naturaleza

La psicóloga estadounidense Francine Sahapiro en 1987 desarrolló, teniendo en cuenta nuestra propia naturaleza, el método EMDR (desensibilización y reprocesamiento por movimientos oculares, acrónimo en inglés, de *eve movement desensitization and reprocessing*), para reprocesar pensamientos y recuerdos perturbadores.

Esta doctora en Psicología por el Instituto de Investigación Mental de Palo Alto en California aplicó EMDR en un principio sobre un grupo de voluntarios y veteranos de la Guerra de Vietman antes de publicar sus resultados en 1989. En 2002 recibió el premio Sigmund Freud por su contribución a la psicoterapia. Actualmente este método es utilizado con buenos resultados para los trastornos de estrés postraumáticos (TPET) en los reprocesamientos de pensamientos y recuerdos perturbadores.

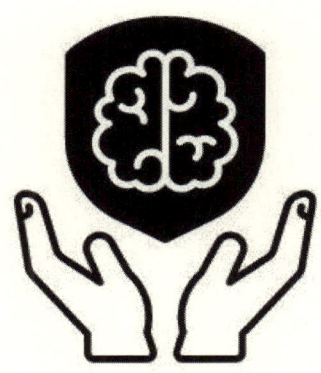

Francine Shapiro señala:

Muchos de nosotros pensamos que el trauma consiste en los grandes acontecimientos que aparecen en los diarios. En el imaginario popular, se identifica como víctimas de un trauma a veteranos de guerra o a los supervivientes de una catástrofe natural o un ataque terrorista. Pero, por definición, trauma es cualquier hecho que haya tenido un efecto negativo duradero en una persona. Todos conocemos a alguien que ha perdido su trabajo, a sus seres queridos o simplemente sus posesiones y que ha sufrido verdaderamente por ello. Cuando alguien ve perturbada su paz de espíritu, o bien nunca la ha tenido, se ve expuesto a serias consecuencias físicas y psicológicas, sea cual sea la causa.

Durante el día recibimos estímulos de distinta índole que nos generan diferentes tipos de emociones. ¿Qué hace nuestro cerebro con estas emociones? Durante la fase REM del sueño nuestro cerebro archiva cada experiencia, es como si hiciéramos un simil con un ordenador. Nuestro cerebro va archivando en diferentes «carpetas» las experiencias vividas de modo que al despertar, gracias a este orden que realiza nuestro cerebro, tenemos mas «espacio» para poder digerir las nuevas vivencias que experimentaremos. Pero ¿qué pasa cuando vivimos una situación traumática que es demasiado grande, como un susto o un trauma? El cerebro no puede procesarlo y esta información queda atascada. Es aquí donde podemos intervenir con este método, el EDMR, que puede ser de gran ayuda. Porque de una manera consciente, podemos simular una fase REM.

La estimulación bilateral visual

En sus investigaciones la Dra. Francine Shapiro encontró que el método EMDR era capaz de reducir significativamente los síntomas del estrés postraumático en personas que habían pasado por esa experiencia (guerras, catástrofes naturales y otros traumas) disminuyendo la ansiedad o la angustia de los pensamientos negativos. El EMDR es un abordaje terapéutico que trabaja sobre el sistema de procesamiento de información entre ambos hemisferios cerebrales y que permite gestionar mejor los recuerdos vinculados con el trauma. La Dra. Shapiro fue fundadora del Programa de Asistencia Humanitaria EMDR para aquellas personas que hayan sufrido desastres naturales y que no tuviesen cobertura suficiente para el tratamiento en salud mental. Una iniciativa que acerca este método a las personas con ansiedad, angustia o el estrés persistente con síntomas de desregulación emocional. Este abordaje terapéutico logra estimular al cerebro para que reprocese aquellos recuerdos que no han podido ser gestionados. A pesar de que se reexperimenten emociones del pasado, la información se va actualizando y cuando esto sucede las emociones negativas van perdiendo fuerza, logrando que la carga emotiva se convierta en más adaptativa. Este método forma parte de la terapia para aplicar después de una correcta evaluación, teniendo en cuenta la historia personal del sujeto y de la puesta en marcha de una serie de procedimientos para llegar a la aplicación de la técnica.

Los puntos del tapping

El profesional que practica esta técnica realiza golpes suaves en determinados puntos corporales, puntos que son considerados energéticos, conocidos como meridianos. Se establece el problema a tratar con el paciente, y se realizan afirmaciones verbales para desbloquear la emoción que origina el trastorno. Con esta técnica se estimulan los meridianos de nuestro cuerpo, estos canales tienen puntos que se conectan con los órganos, de modo que activamos la energía para que fluya otra vez hacia los órganos. Cada meridiano está conectado con un órgano y con una emoción determinada. Esto va acompañado de unas frases, vamos explicando con palabras lo que estamos sintiendo. Cuando más enfocada estoy en el tema que quiero liberar, más potente será el efecto. Este tratamiento ha demostrado ser eficaz para superar acontecimientos traumáticos. Los médicos, los científicos lo intuían, hoy lo pueden constatar. Esta técnica de liberación emocional contribuye a desbloquear emociones negativas, las cuales pueden aparecer acompañadas de todo tipo de síntomas físicos. Podríamos decir que es un tipo de acupuntura psicológica aplicada en el caso del *tapping*, con pequeños golpecitos de los dedos en puntos concretos de nuestro cuerpo. El objetivo es permitir la entrada de la energía que ha quedado bloqueada en los meridianos, en los puntos energéticos de nuestro cuerpo. Los meridianos corporales son los canales por los que fluye nuestra energía.

El *tapping* fue reconocido por la OMS (Organización Mundial de la Salud) en 1979. A pesar de este reconocimiento, esta técnica fue cuestionada, pero su tasa de éxito llevada por un profesional suele llegar a un 95 %. Cuando activamos los dos hemisferios de manera alternada, liberamos emoción y lógica y esto permite liberar esa emoción que ha quedado atascada, bloqueada.

El EMDR es un modelo de psicoterapia de estimulación bilateral, ya sea mediante movimientos oculares, mediante sonidos o golpecitos (tapping) *con lo que se estimula los hemisferios cerebrales.*

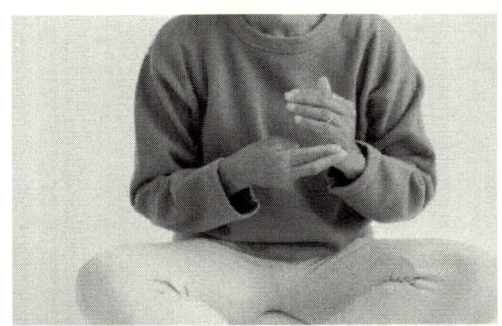

El procesamiento cerebral

Para entender nuestro funcionamiento interno, para comprender nuestras reacciones, es necesario conocer cómo funcionamos. Como no venimos al mundo con un manual de instrucciones, debemos interesarnos en conocer, porque somos como somos. No es necesario ahondar en el conocimiento científico de nuestro funcionamiento biológico y mental, pero sí tener una idea de la dinámica de estos procesos para vivir con mayor bienestar. En 1981 el neurocientífico estadounidense Roger W. Sperry, junto con David Hunter Hubel y Torsten Nils Wiesel, recibieron el Premio Nobel de Medicina y Fisiología por su descubrimiento de las funciones de los hemisferios cerebrales, asignando diferentes funciones a cada hemisferio cerebral. El doctor Sperry y su equipo demostraron en sus investigaciones que las funciones de ambos hemisferios pueden verse enfrentadas, como si se tratara de «dos mentes», generando conflictos internos, sin ser conscientes de dónde proviene ese malestar. Por eso conocer las funciones de nuestros hemisferios cerebrales, conocer qué recursos tenemos, nos dotará de un mayor manejo para dar la respuesta más adaptativa posible a los desafíos a los que nos enfrentamos en el curso de nuestra vida.

¿Qué función realiza cada hemisferio?

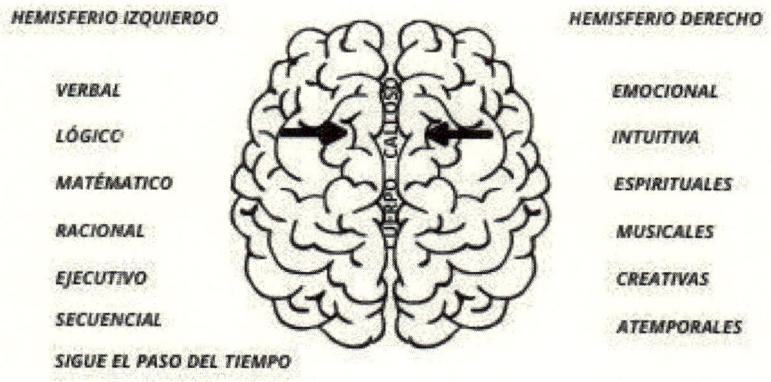

Nuestro cerebro tiene dos hemisferios, el hemisferio derecho y el hemisferio izquierdo, que se ocupan de diferentes funciones. El hemisferio derecho está conectado con nuestro cerebro emocional, conocido como sistema límbico. Este sistema está formado por varias estructuras cerebrales que dan respuestas fisiológicas ante los estímulos emocionales y está relacionado con la memoria, el placer, el miedo, la agresividad. Cuando predomina este hemisferio, prevalece la creatividad, la intuición, funcionamos por imágenes, se expresan libremente los sentimientos, somos sintéticos, hay una preferencia a dibujar, a palpar, es atemporal, es decir, sin sentido del tiempo, y este hemisferio controla la coordinación motriz del lado izquierdo del cuerpo. Cuando predomina el hemisferio izquierdo, predomina la lógica, la razón, el análisis, depende del lenguaje, controla sentimientos, prefiere hablar, escribir. Sigue el paso del tiempo, es decir, es secuencial. Y la coordinación motriz del lado derecho del cuerpo es controlada por este hemisferio. La información es trasmitida a cada hemisferio por el cuerpo calloso y otros haces de fibras nerviosas. Hoy se sabe, gracias a numerosos estudios científicos, que la zona prefrontal izquierda es la sede anatómica de las emociones positivas y también se sabe que es una zona altamente entrenable. Es decir, por medio de diferentes ejercicios podemos entrenar y fortalecer esta zona, para gestionar mejor el miedo, la desesperanza, o cualquier otra emoción de las llamadas disruptivas. Hoy la ciencia puede ubicar las áreas del cerebro que se activan en determinadas circunstancias, midiendo así su actividad y haciéndonos saber qué podemos modificar, entrenando esas áreas, a través de diversos métodos y ejercicios, para dar así un «antídoto» al malestar producido por las emociones disruptivas.

El hemisferio derecho está relacionado con:

L a percepción, la orientación espacial. La habilidad de expresar emociones y captarlas. El recuerdo de caras, melodías, voces. La conducta emocional, piensa y recuerda en imágenes. La Intuición esa forma de conocimiento esa voz interior basada en experiencias pasadas, esta relacionada con el hemisferio derecho.

El hemisferio izquierdo está relacionado con:

La capacidad lingüista (en este hemisferio se encuentran el área de Broca, es el área que produce el habla, es decir, la expresión oral y el área de Wernicke, cuya función es la comprensión del lenguaje). Capacidad de análisis, de realizar razonamientos, problemas matemáticos.

Además de saber qué funciones tiene cada hemisferio, se sabe que estos dos hemisferios para funcionar de forma equilibrada deben comunicarse entre sí. Cuando por alguna razón estos hemisferios dejan de conectar se produce lo que se llama desconexión funcional entre los dos hemisferios. Lo que produce una entrada de información sesgada, es decir, no completa. El cuerpo calloso, ese conjunto de fibras nerviosas que actuá como puente de información entre los dos hemisferios, no puede compartir la información de forma adecuada.

Recordemos al neurocientífico Paul Mc Lean, norteamericano que en los años 60 desarrolló la teoría evolutiva del cerebro triúnico. Señaló dentro del cerebro craneal tres cerebros en el ser humano. El cerebro reptiliano, aquel que está ligado a nuestra supervivencia, a los instintos. El cerebro límbico o paleomamífero, el que procesa los estímulos emocionales. El cerebro racional o neocórtex donde reside la capacidad de razonar y es exclusivo del ser humano. En los últimos años, según las investigaciones realizadas, podemos hablar además del cerebro craneal, del cerebro intestinal o entérico, el cerebro del corazón. Se ha comprobado que también existen importantes cantidades de neuronas en el corazón y en el intestino.

Curiosamente, ante la experiencia de un estímulo, el primer «cerebro» que la registra es el cerebro entérico o intestinal. Sentimos un nudo en el estómago o cualquier otra sensación; luego esta información es valorada por el corazón y finalmente por el cerebro craneal. El intestino o segundo cerebro, además de producir células inmunitarias, de participar en las funciones digestivas, produce neurotransmisores, hormonas como la serotonina. Produce el 90 % de serotonina, que es un de las principales hormonas de la serenidad y la calma, también produce la dopamina y otros opiáceos que modulan el dolor. Es a través del nervio vago que el segundo cerebro se comunica con el cerebro encefálico llevándole toda la información del cuerpo.

El corazón, nuestro tercer cerebro, que ya es reconocido por el mundo científico como un órgano que recibe y procesa información y es estudiado por la neurocardiología. Este órgano con un sistema nervioso independiente envía más señales al cerebro que las que recibe de él, es el único órgano que posee esta capacidad. El corazón puede aprender, recordar y tomar decisiones independientemente del cerebro. ¡Asombroso!

El corazón, con cerca de 40 000 neuronas, también siente y toma decisiones. En él se encuentran neuronas y neurotransmisores, que lo convierten en una extensión del cerebro. Hoy se sabe que existe una conexión entre el cerebro y el corazón. Ya la ciencia ha demostrado esta relación. Ya no se trata de una visión poética, el hablar del corazón como parte fundamental del sentir humano.

Sabemos que las neuronas se comunican entre sí para trasmitir la información, en una compleja red de conexiones. Recordemos que una neurona es una estructura, una célula del sistema nervioso, formada por el núcleo, el cuerpo celular y por dendritas, que funcionan como prolongaciones del cuerpo neuronal. Las conexiones entre neuronas se realizan a través de los axones, que son pequeñas ramificaciones, creando redes, cuya misión es trasmitir mensajes de una neurona a otra. De acuerdo con un estudio realizado en el año 2005, el cerebro tiene unos ochenta y seis mil millones de neuronas. Que a su vez se comunican entre sí, a través de lo que se conoce como sinapsis, donde el axón de una neurona incide sobre las dendritas de la otra neurona, trasmitiendo información de una neurona a otra. Se calcula un promedio de 7000 conexiones sinápticas de una neurona con otras. Todos sabemos que para disfrutar de una vida saludable es necesario un entrenamiento físico, acorde a la edad, acompañado de una dieta equilibrada. ¿Y qué hacer en cuanto al entrenamiento de nuestra mente? Veremos qué nos aportan las investigaciones científicas en este campo.

Desde tiempos remotos el ser humano se ha interesado en la comprensión del funcionamiento del sistema nervioso. Diversos investigadores han hecho aportaciones, descubrimientos, en este orden. En 1906, se otorgó al neurólogo español Santiago Ramón y Cajal el Premio Nobel de Fisiología por su descubrimiento del modo en que se comunican las neuronas. Su legado fue fundamental en el conocimiento del cerebro, sentó las bases de lo que hoy se conoce como neuroplasticidad.

¿Qué es lo que ocurre cuando vivimos una determinada situación?

El hemisferio derecho es el que recibe la información sensorial, emocional, la sensación corporal, esta información pasa por la corteza cerebral, por haces de fibras nerviosas y por el cuerpo calloso, lo que crea una comunicación con el hemisferio izquierdo, donde está la parte verbal, donde sumamos entendimiento, aprendizaje a lo que vivimos. En una situación de sumo estrés, enfermedades, accidentes, abusos, acoso, ante estas situaciones el cerebro se bloquea, se preserva. Sabiendo que poseemos «dos mentes», es decir, diferentes maneras de procesar la información, es frecuente que menospreciemos nuestro potencial debido a este conflicto interno. Sabemos que el hemisferio izquierdo es el que nos permite relacionar ideas, conversar. Que tiende a poner juicios y aferrarse a principios innegables, dándoles una gran veracidad. Se aferra a lo material, tiende a dividir, a ver solo el detalle, que está bien, pero no es suficiente. Mientras que el cerebro derecho ve unidad, ve las cosas en su conjunto, es la puerta al inconsciente. De modo que el ser humano tiene una mente que percibe y otra mente que se da cuenta, que tiene conciencia de que hay cosas que ocurren sin que seamos conscientes de ello. Cuando estos dos hemisferios trabajan conjuntamente se denomina sincronización hemisférica y esta sincronización está presente en la infancia, donde ambos hemisferios tienen una estrecha relación y este hecho da como resultado una conducta alegre, motivadora, curiosa, feliz, que podemos apreciar en los niños. Con el correr de los años esta sincronización no es tan clara. Debido a nuestro entorno cultural nos vamos separando de esta postura y cobra relevancia el hemisferio izquierdo y relega al hemisferio derecho, dando por consecuencia errores en la percepción de la realidad al no tener en cuenta lo que puede aportar el hemisferio derecho en la comprensión de esa realidad. Una vez que sabemos que «nuestras mentes» pueden estar enfrentadas, una vez que conocemos su funcionamiento, gracias a los estudios, a las investigaciones de científicos de renombre, podemos actuar para manejar esta incomunicación, para corregir ese enfrentamiento, para volver a acercar a ambos hemisferios. El primer paso es tener la firme voluntad de emprender esta tarea, para modificar esa forma de actuar y de pensar que nos limita. Teniendo en cuenta que el cerebro es un órgano integral, que si bien se estudian sus dos hemisferios, el funcionamiento del cerebro es holístico, es decir, usamos ambos hemisferios y la tarea está en conseguir un equilibrio en la participación de estos. Y aquí entramos en el campo del entrenamiento cerebral para alcanzar objetivos a través de técnicas y ejercicios que nos ayudarán a mejorar nuestros puntos fuertes y a reforzar aquellas capacidades que estén más relegadas. Sí, sabemos que ejecutamos con mayor facilidad tareas que corresponden al hemisferio izquierdo como escribir, conversar, analizar, razonar, debemos ejercitar aquellas tareas que se asignan al hemisferio derecho como imaginar, realizando *visualizaciones*, una técnica donde la imaginación es la protagonista.

Si queremos entrenar el *hemisferio derecho,* debemos aplicarnos en:

—Entrenar nuestra memoria, a través de juegos didácticos.

—Entrenarnos en la realización de operaciones matemáticas y de razonamiento.

—Mirar un cuadro e intentar memorizar la mayor cantidad de detalles, anotarlos y verificar los aciertos que hemos hecho.

—Leer un libro y realizar una síntesis del libro en unas líneas.

También podemos entrenar *ambos hemisferios* con las siguientes actividades:

—Jugando al ajedrez, porque mientras se piensa una estrategia, para ganar en el juego, nos obligamos a no quitar la vista del tablero.

—Realizando actividades físicas en las que se necesite concentración visual y motora.

—Realizar actividades como escribir o lavarse los dientes con la mano no dominante; si somos diestros, realizar la tarea con la mano izquierda.

—Existe una actividad en la que los nombres de los colores están puestos en una hoja en otro color, y hay que decir en voz alta el color real, no el que dice la palabra. Por ejemplo: la palabra *amarillo* está escrita en color verde, la palabra *azul* está escrita en color rojo, la palabra *naranja* está escrita en color azul y así sucesivamente.

El terreno del amor

A cabábamos de mudarnos a una casa nueva, en una reciente urbanización más distante de la ciudad, donde la naturaleza formaba parte de lo cotidiano. Mis padres habían comprado un terreno y habían diseñado aquella casa con toda ilusión. Estaba situada en una zona residencial en donde recién comenzaban a instalarse familias en casas amplias y bajas. Disfrutábamos de la vida al aire libre, eso era algo cotidiano. Los niños jugábamos en la calle, pues pasaban muy pocos coches por esas calles recién abiertas al tránsito y que aún no estaban asfaltadas. Hablar con los vecinos que se sentaban en los jardines de las casas en las cálidas tardes de primavera era parte del paisaje. Nunca nos sentíamos solos, pues siempre había alguien conocido en el pequeño barrio, podando las plantas, o tomando la merienda en el jardín. No había grandes muros divisorios, solo los jardines se interponían entre cada casa. La experiencia fue muy enriquecedora, veníamos de vivir en un piso bastante más pequeño, donde no teníamos la libertad de salir solas a jugar a la calle, aquello era más urbano y con otras reglas. La casa la habían hecho construir mis padres, era grande, luminosa, teníamos nuestra propia habitación con vistas al jardín en la parte delantera de la casa y en la parte de atrás, había una gran piscina, con tobogán y columpios que mi padre había hecho instalar para nosotras. Teníamos una mascota, era una tortuga a la que habíamos llamado Kuki, quien comía de nuestra mano y se paseaba por todo el jardín.

No tardamos en conocer a nuestros vecinos, quienes se acercaron rápidamente a presentarse. Mi padre había hecho estudios en medicina, faltándole cursar algunas asignaturas para terminar la carrera. A pesar de sus excelentes notas se vio obligado a abandonar sus estudios académicos, debido a problemas en el seno de su familia. Se vio de repente empujado a hacerse cargo de una casa y de su hermano, que padecía una enfermedad que requería determinados cuidados, además de trabajar y estudiar. Llegó a ser visitador médico, de varios laboratorios, teniendo conocimientos sólidos en este terreno. Estos conocimientos médicos fueron valiosos para aquellos vecinos que solicitaban sus servicios. Por lo que mi padre funcionaba como el médico de la urbanización, aunque no lo fuese. No había comercios cercanos, pues en esas zonas residenciales las leyes urbanísticas no lo permitían. Nuestra nueva casa formaba parte de aquel entorno comprendido por las calles aledañas, donde se nos permitía movernos con prudencia. Creábamos juegos en la naturaleza, hacíamos en los terrenos vacíos unas pequeñas fogatas, que rodeábamos con los brazos abiertos simulando a los pájaros o a los ángeles. Por la noche, mi madre se afanaba en quitarnos las espinas que teníamos por todo el cuerpo, fruto de nuestras aventuras. Podíamos acercarnos a las vacas que por allí pastaban libremente, las tocábamos hasta que nos miraban con cara de pocos amigos y nos alejábamos de ellas. Conocimos a muchos niños, algunos de ellos venían de unas calles más lejos.

En un cálido atardecer de primavera, nuestros vecinos nos invitaron a compartir el aperitivo en el jardín de su casa, donde podíamos ver a los pocos paseantes que pasaban por allí. Una de nuestras vecinas, doña Mafalda, y su esposo Antonio llevaban años juntos. Mafalda era una mujer regordeta de unos 55 años y su marido Antonio parecía algo mayor. Yo los observaba cómo hablaban entre ellos y me preguntaba cómo hacían para no cansarse de verse todos los días, después de tantos años juntos. ¿Qué vínculo tan fuerte debería existir entre esa pareja? Le pregunté a mi padre si ese vínculo existía siempre en todas las parejas, entonces me dijo: «Te daré a leer algo y luego tú me dices qué piensas». Era una respuesta que no me esperaba, puesto que representaba que yo debía realizar un trabajo, pero no podía oponerme, puesto que la que búsqueda de la respuesta venía de mi parte. Me entregó un libro y me dijo: «Léelo, y luego lo comentamos».

El libro era de un tal Khalil Gibran y se titulaba *El Profeta*.

El párrafo para leer decía:

El amor

Cuando el amor os llame, seguidlo. Y cuando su camino sea duro y difícil, y cuando sus alas os envuelvan, entregaos. Aunque la espada entre ellas escondida os hiera. Y cuando os hable, creed en él. Aunque su voz destroce nuestros sueños tal como el viento norte devasta los jardines. Porque, así como el amor os corona, así os crucifica. Así como os acrece, así os poda. Así como asciende a lo más alto y acaricia vuestras más tier-

nas ramas, que se estremecen bajo el sol, así descenderá hasta vuestras raíces y las sacudirá en un abrazo con la tierra. Como trigo en gavillas él os une a vosotros mismos. Os desgarra para desnudaros. Os cierne, para libraros de vuestras coberturas. Os pulveriza hasta volveros blancos. Os amasa, hasta que estéis flexibles y dóciles. Y os asigna luego a su fuego sagrado para que podáis convertiros en sagrado pan para la fiesta sagrada de Dios. Todo esto hará el amor en vosotros para que podáis conocer los secretos de vuestro corazón y convertiros, por ese conocimiento, en un fragmento del corazón de la Vida. Pero si, en vuestro miedo, buscáis solamente la paz y el placer del amor, entonces, es mejor que cubráis vuestra desnudez y os alejéis de sus umbrales, hacia un mundo sin primavera donde reiréis, pero no con toda vuestra risa, y lloraréis, pero no con todas vuestras lágrimas.

El amor no da más a sí mismo, no toma nada más que de sí mismo. El amor no posee ni es poseído. Porque el amor es suficiente para el amor. Cuando améis no debéis decir: «Dios está en mi corazón», sino más bien: «Yo estoy en el corazón de Dios». Y pensad que no podéis dirigir el curso del amor porque él, si os encuentra dignos, dirigirá vuestro curso. El amor no tiene otro deseo que el de realizarse. Pero, si amáis, y debe la necesidad tener deseos, que vuestros deseos sean estos: fundirse y ser como un arroyo que canta su melodía a la noche. Saber del dolor de la demasiada ternura. Ser herido por vuestro propio conocimiento del amor. Y sangra voluntaria y alegremente. Despertarse al amanecer con un alado corazón y dar gracias por otro día de amor. Descansar al mediodía y meditar el éxtasis de amar. Volver al hogar con gratitud en el atardecer. Y dormir con una plegaria por el amado en el corazón y una canción de alabanza en los labios.

Y continuaba hablando del matrimonio:

El matrimonio

Nacisteis juntos y juntos para siempre. Estaréis juntos cuando las alas blancas de la muerte esparzan vuestros días. Sí, estaréis juntos en la memoria silenciosa de Dios. Pero dejad que los vientos del cielo dancen entre vosotros. Amaos el uno al otro, pero no hagáis del amor una atadura. Que sea, más bien, un mar movible entre las costas de vuestras almas. Llenaos el uno al otro vuestras copas, pero no bebáis de una sola copa. Daos el uno al otro de vuestro pan, pero no comáis del mismo trozo. Cantad y bailad juntos y estad alegres, pero que cada uno de vosotros sea independiente. Dad vuestro corazón, pero no que vuestro compañero lo tenga, porque solo la mano de la Vida puede contener los corazones. Y estad juntos, pero no demasiado juntos, porque los pilares del templo están aparte. Y ni el roble crece bajo la sombra del ciprés ni el ciprés crece bajo la del roble.

Cuando terminé de leer el texto, me pareció muy poético, y muy profético. Sí, porque era como que nos diera pistas sobre la dimensión del amor. Mi padre me dijo: «¿Sabes quién es el autor?». Y afirmó: «Se llama Khalil Gibran, fue un poeta libanés, filósofo y novelista y este libro, *El Profeta*, es una obra maestra que fue editada en 1923». Me preguntó: «¿Qué relación tiene este escrito con la pregunta que me has hecho?». Del texto que acababa de leer, me había quedado con palabras como vida, corazón, juntos, libertad, independencia, gratitud y, por supuesto, amor. Entonces fuimos reflexionando con mi padre sobre el sentido que podíamos extraer de cada frase. Había también palabras que no conocía, y ya sabía qué me tocaba hacer… Cuando me encontraba con una palabra desconocida, ir al diccionario y buscar el significado de esa palabra. Este texto no se parecía a aquellos que leíamos normalmente a diario en los artículos de los periódicos.

Mi padre era un gran lector, además de leer libros a diario, llegaban a nuestra casa tres periódicos diarios que defendían diferentes lecturas, sobre política, economía, temas sociales, para que podamos conocer diferentes puntos de vista, de modo que siempre había material de lectura para el aprendizaje. Cuando leíamos un texto, nos incitaba a buscar la respuesta y nos hacía reflexionar sobre cada idea. Por lo que siempre había en casa material de lectura bastante vanguardista, innovador, eran textos literarios, filosóficos o científicos. Pero este texto era diferente. Empezamos a hablar sobre qué era la *retórica,* aquello que se puede utilizar en el discurso, en el lenguaje para persuadir, para resaltar, para conmover, para expresarse de la mejor manera posible, utilizando distintas herramientas lingüísticas. También la *metáfora,* que es una figura retórica que relaciona un termino real con otro imaginario, para resaltar una idea o un aspecto. Y luego de esta explicación debía encontrar en el texto una metáfora. ¿Y qué es la paradoja? Otra figura donde se niega lo mismo que se afirma. ¿Y... la *hipérbole?* Son expresiones que exageran la realidad para expresar con mayor intensidad un concepto con fines estéticos. *Os pulveriza hasta volveros blancos.*

Luego de la comprensión de estos conceptos, que me resultaban un poco tediosos, debía reflexionar sobre lo que decía el autor sobre el concepto del amor. Vi en este escrito unas afirmaciones que desmembraban el concepto del amor. Desnudándolo de todo falso romanticismo, reconociendo sus aspectos placenteros y también los aspectos dolorosos. Y cuando digo falso romanticismo me refiero a desmontar la falsa creencia de que el amor está recubierto *solo* de situaciones placenteras. Se necesitan una serie de ingredientes para lograr una exquisita sensación. Creo que el texto dejaba una enseñanza de cómo mantener y alimentar una relación amorosa en el transcurso del tiempo. Como todo en el discurrir de nuestra existencia, todo es transitorio, y todo cambia siguiendo una evolución que no podemos controlar y a la cual debemos adaptarnos. En las relaciones humanas, ese saber adaptarse tendría que ver con cómo encajar los cambios que vamos sobrellevando como personas y en el caso que nos atañe, el amor, cómo sintonizar los cambios en la relación de pareja. Poder sincronizar nuestros ritmos de crecimiento personales con los ritmos de evolución de la pareja. **Es el equilibrio por alcanzar.** Sin que tengamos que recurrir a añoranzas pasadas para recordarnos cómo nos sentíamos en aquellos tiempos felices, para ayudarnos a sostener a la pareja que somos hoy en día. Porque las personas que éramos en aquellos recuerdos no son las mismas que somos hoy. *Han evolucionado y lo seguirán haciendo*, es parte de nuestra propia evolución, en la que cumplimos un ciclo: nacemos, crecemos y morimos.

¡¡¡Uhhh, en ese texto, había mucho para ahondar!!! Y no se terminaba en una sola lectura.

Cuando el amor es objeto de estudio

Un libro que me ha parecido muy enriquecedor en relación con el tema del amor fue *El arte de amar,* del filósofo y sociólogo alemán Erick From. En esta obra, el autor describe las diversas formas del amor: el amor de madre, el amor del padre, el amor fraternal, el amor a Dios, el amor erótico y el amor a uno mismo. Describiendo los elementos necesarios para un amor funcional, para alcanzar un amor maduro, elementos como el respeto, el cuidado, la responsabilidad, son algunos de los que enumera el autor. Recordando que es necesario esfuerzo y conocimiento. Cuando estudiaba en la universidad recuerdo el comentario de un profesor que dijo: «Se ha podido comprobar que si al nacer el ser humano no tiene contacto, ni afecto, termina muriendo».

¡Qué aseveración más cruel! ¿Habrían experimentado con bebés de países en desarrollo, para asegurar que esto es así? ¡Qué horror! Luego, realizando investigaciones sobre el tema (pues no he perdido, a pesar de los años, mi curiosidad por el misterio humano), he podido encontrar el argumento que sostiene esta afirmación. A mediados del siglo XIX morían miles de bebés en los orfanatos de todo el mundo, a causa de una en-

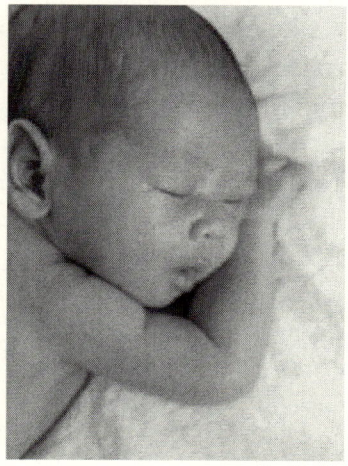

fermedad que se denominó *marasmo* (un tipo de desnutrición severa). Los bebés entraban en un estado depresivo, dejaban de alimentarse hasta que morían. El doctor Fritz Talbot, un pediatra de Boston, comenzó a estudiar el marasmo. Visitó varios hospicios buscando una explicación a la extraña enfermedad, hasta que visitó el hospicio de Düsseldorf en Alemania, donde pudo comprobar que los niños de este hospicio estaban saludables. Sin embargo, eran tratados con las mismas condiciones sanitarias y alimentarias que en los otros orfanatos donde morían por miles. En el hospicio de Düsseldort, había una mujer mayor que siempre llevaba en brazos a un bebé enfermo. El director del centro le señaló al doctor Talbot que esta mujer era benéfica para estos niños, pues sus abrazos facilitaban la recuperación de esos niños.

Sabemos que durante nuestra evolución y desde el nacimiento seguimos necesitando el contacto físico, las caricias, las demostraciones de afecto, resultan un anclaje en nuestro desarrollo afectivo y emocional. Porque somos seres sociales, seres de encuentro, esta en nuestra propia naturaleza: entrar en contacto unos con otros. El sentimiento de sentirnos separados, aislados, provoca angustia, pues genera un sentimiento de soledad, que puede presentarse igualmente si estamos acompañados por otras personas.

Sobre el estudio del marasmo el doctor Fritz Talbot pudo constatar la enorme importancia que tiene el afecto en los primeros meses de vida, hasta el punto de delimitar quién moría o quién vivía. Hay investigadores hoy en día que sostienen que «el amor cura». Pienso que el amor, esa fuerza poderosa, es capaz de llevar a algunas personas a hacer cosas increíbles en pro del otro. Esa fuerza, además de sanar al otro, nos sana a nosotros mismos, porque desarrollamos capacidades que nos aproximan a vivir con un mayor bienestar propio, influyendo positivamente en nuestro entorno.

El amor para los griegos

Para los antiguos griegos el amor fue uno de los sentimientos que buscaron entender y explicar, ya que este guía muchas de nuestras conductas y reacciones; por lo que buscaron clasificar y distinguir las diferentes categorías amorosas. Los clasificaron en el amor *Ágape,* el amor *Eros,* el amor *Philia* y el amor *Storgé.*

Amor Ágape es descrito como un tipo de amor puro, incondicional. Un ejemplo de esto es la relación entre madre e hijo donde la madre brinda un amor incondicional, es decir, sin condición alguna. También lo podemos entender como el amor compasivo, ese tipo de amor que se da cuando somos empáticos y comprendemos el sufrimiento del otro y pasamos a la acción, de alguna manera, para aliviar su sufrimiento. El Ágape no es un amor posesivo, sino que desea el bienestar y felicidad del otro.

Eros o amor pasional. En la mitología griega Eros era el dios que simboliza el amor romántico, la pasión e impulsividad, se caracterizaba por la atracción física, instintiva, sexual. Es la primera etapa, a la que se suele llamar «enamoramiento», en la que buscamos la cercanía del ser amado, queremos vernos, quedar con la otra persona. Es una etapa pasional, fuerte, emotiva, pero que requiere pasar a otra etapa. Algunos autores sostienen que ese enamoramiento nos produce un cierto estado de enajenación que hace tambalear nuestro espíritu crítico respecto a la relación. La Leyenda de Eros, para los griegos, o su homólogo Cupido, para los romanos. Tiene su origen en la mitología griega. Según el escritor romano Apuleyo en su novela *La Metamorfosis (El asno de oro)* describe la historia de Eros (Cupido), quien era el dios de la pasión y de la fertilidad, hijo de Afrodita, la diosa del amor y la belleza sexual. Afrodita, celosa de la belleza de Psique, una hermosa princesa que era la hermana menor de tres hermanas, hijas del rey de Anatolia, ordenó a Eros que lanzase una flecha para que Psique se enamorara de la persona más ruin y fea. Eros fue a realizar el encargo, pero cuando vio a la princesa se enamoró locamente de ella. Y se amaron en el bosque noche tras noche, en la total oscuridad. Cuando Psique se durmió, Eros se la llevó volando hasta su palacio. Para evitar la ira de su madre, Afrodita, Eros siempre se presentaba en plena oscuridad y prohibía a Psique saber su identidad. Las hermanas de Psique, curiosas y celosas, convencen a Psique para que encienda una lámpara y descubra la identidad de su amante. Psique, siguiendo el consejo de sus hermanas, enciende una lámpara, pero al acercarse una gota de aceite hirviendo cae sobre el rostro de Eros, quien huye sintiéndose traicionado. Psique recurre a Afrodita, a quien ruega recuperar el amor de Eros; es entonces cuando la diosa, en su rencor, le ordena realizar cuatro tareas casi imposibles para una mortal. Psique emprende entonces las tareas ordenadas por Afrodita. La última tarea consistía en ir al inframundo, sorteando todo tipo de obstáculos que encontraría para llegar allí. Mientras tanto, Eros ya la había perdonado y la seguía en secreto en la realización de las tareas que debía cumplir. Es entonces cuando Eros suplica a Zeus y a Afrodita su permiso para casarse con Psique haciéndola inmortal para que pudiera vivir con él en los cielos. Zeus se compadeció de Eros y le concede su pedido. La unión de Eros y Psique duraría para siempre.

Desde entonces el amor es simbolizado por dos corazones atravesados por una flecha.

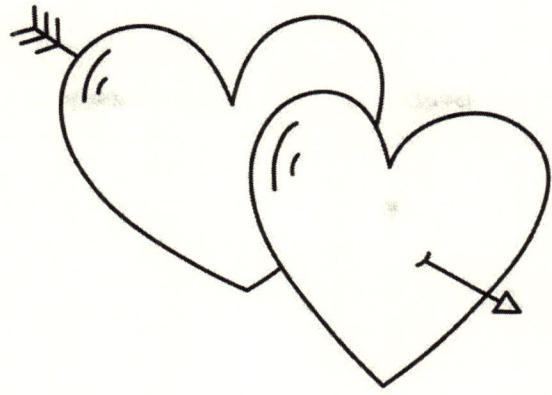

Amor Phileo o Filia: Es el que se refiere al amor familiar, es un amor fuerte inquebrantable que perdura a través de los años, se debe cuidar y valorar a pesar de los avatares de la vida. Forman parte de este amor las relaciones con los padres, los hijos, los hermanos, los nietos.

Amor Storgé: Los griegos clasificaron a este tipo de amor como fraternal y comprometido. Es un amor amistoso, protector, se puede aplicar a los colegas, a los amigos, a las mascotas. Puede combinarse con otro tipo de amor y el deseo de cuidarse mutuamente. Basado en el interés común. Puede comenzar con una amistad y convertirse con el tiempo, gracias a la cercanía, y a un interés en común, en una relación romántica.

Creo que esta disección de los tipos de amor sirve para categorizarlos, pero no es posible delimitarlos porque en algunos casos pueden fundirse o transformarse en otro tipo de amor como es el caso del Amor Storgé, que puede comenzar con un sentimiento amistoso y convertirse en una relación sentimental. Pero de lo que no cabe duda es que el amor hace que aparezca lo mejor de cada uno de nosotros, si consideramos que el objeto amoroso nos subyuga al punto de querer ser parte de esa relación. Y como ya hemos visto con las investigaciones realizadas por el doctor Fritz Talbot al estudiar el marasmo, en el que pudo comprobar que sin afecto, sin cariño, esos bebes morían. Nuestra fuerza interior está sustentada por el afecto, el amor y el cariño. Está en nuestra naturaleza, debemos saberlo y utilizar esta fuerza interior para dar y recibir amor, cariño y afecto.

Si nuestra naturaleza nos lleva al encuentro, ¿por qué puede aparecer esa sensación de estar separados? En el templo de Apolo en la antigua Grecia había una inscripción en su entrada que decía: «Conócete a ti mismo». Llevando esta afirmación al terreno emocional, al terreno del amor, resulta fundamental conocer esas emociones que transitan en nuestro interior para gestionar esos sentimientos, que pueden hacer que nuestra vida se mueva en una dirección o en otra.

El contacto con nuestros sentidos

Como ocurría todos los años para esas fechas, unos días antes de Navidad todas mis tías se reunían para organizar la Nochebuena y el Fin de Año familiar. Una mañana me desperté escuchando a esas parlanchinas señoras. Contaban las personas que estarían presentes en la cena, planificaban el menú y la compra de bebidas que serían necesarias. Eran mujeres muy charlatanas y si bien eran poco afectivas, buscaban verse casi todos los días. Uno de los temas preferidos de las tías eran los temas de salud. Cada una relataba su malestar físico y entraban en una suerte de competición describiendo los síntomas que padecía cada una. Y todas padecían en mayor o menor medida problemas que denominaban «nerviosos», término que utilizaban para describir su malestar mental y emocional. Dando siempre mayor peso al cuerpo, a lo físico y las emociones y pensamientos, eran considerados como un tema secundario. Sin comprender que mente y cuerpo están íntimamente relacionados.

Fue un neurofísico británico, Premio Nobel de Medicina en 1932, quien descubrió la función de las neuronas. Se llamaba Charles Scott Sherrington. Introdujo los términos *propiocepción, interocepción y exterocepción* en 1906.

La propiocepción, del latín *prorius,* significa «uno mismo» y *ceptio* significa «sentir». Es el sentido que nos permite sentir y reconocer la posición de nuestro cuerpo en el espacio. Este sentido da armonía a nuestros movimientos y nos ayuda a situarnos en el espacio. El célebre neurólogo Oliver Sacks, fallecido a los 82 años en el año 2015, habló en sus trabajos médicos, y en libros escritos por él como *La Dama desencarnada* o *El hombre que confundió a su mujer con un sombrero*, donde describe los trastornos de padecer la pérdida del sentido de propiocepción. En su obra *El hombre que confundió a su mujer con un sombrero* nos relata el caso de una joven que sufre una extraña enfermedad. A la joven Christina un día su cuerpo empezó a no responderle. No podía sostener nada, ni mantenerse de pie. Solo si miraba una parte de su cuerpo podía moverlo. Luego de varios estudios médicos descubrió un deficiente sentido de la propiocepción. Su enfermedad, llamada *polineuritis*, le había hecho perder este sentido. Su sentido de la visión funcionaba como detector de las partes de su cuerpo, solo si miraba una parte de su cuerpo podía moverla.

¿Y qué es la interocepción? Es escuchar y atender lo que pasa en nuestro interior. Es decir, saber descifrar las señales que nos envía nuestro cuerpo. Para saber si todo va bien o si hay un desequilibrio del cual nos debemos ocupar. La conocida película *Despertares*, interpretada por Robin Williams, está basada en una etapa de la vida de este neurólogo en la que se dedicó a tratar a pacientes en estado vegetativo aquejados de encefalitis letárgica. Algunos de estos pacientes llegaron (por un periodo de tiempo) a recuperar la consciencia gracias a un fármaco contra el párkinson. Resulta esencial familiarizarse con estos sentidos menos conocidos, pero que tienen suma importancia en nuestra relación con el cuerpo. Solo estando despiertos a «todos nuestros sentidos» podremos comprendernos.

¿Y qué es la exterocepción? Son las sensaciones que provienen del entorno, o de la superficie corporal. Los problemas «nerviosos» que decían padecer mis tías nunca fueron abordados por ellas desde la perspectiva descrita por Charles Scott Sherrington. Nuestro desconocimiento sobre cómo funcionamos puede llevarnos a tener creencias erróneas. Mis tías se limitaban a describir esos trastornos como una suerte de fatalidad en la que ellas no tenían ninguna incidencia, conservando así su rol de víctimas. No trabajaban su mundo interior, ni intentaban descifrar las señales corporales como un medio para comprender qué les estaba pasando. Dando como consecuencia un malestar físico y emocional que perduró a lo largo de toda sus vidas.

Nos vamos nutriendo de enseñanzas

S e sabe que cuando aprendemos algo sobre lo que hemos investigado, sobre lo que nos hemos informado, leído o estudiado, aprendemos a fijar esos conocimientos. Yo diría que se incorporan a nuestro bagaje, no solo académico, sino a nuestro bagaje personal.

Cuando leí el libro de Mihaly Csikszentmihalyi, profesor de psicología de la Universidad de Claremont (EE. UU.), quien acuñó el término *fluir*, llegué a comprender este concepto, ya que lo he vivido, como seguramente lo habremos vivido todos en algún momento de nuestra vida. Se entiende por *fluir* cuando una persona esta inmersa en una tarea y no ve pasar el tiempo y disfruta de ese momento. Deja de lado su ego y experimenta satisfacción en la realización de la tarea. El autor del libro explica cómo podemos controlar y hasta provocar este *fluir*, esa «experiencia óptima» que es un estado de conciencia. Para ahondar un poco más sobre este concepto, creo que es necesario describir qué es la consciencia. La consciencia humana ha sido estudiada durante años por varios investigadores, sin llegar aún a dar todas las respuestas. Podemos entenderla como la capacidad que tiene el ser humano para reconocer la realidad y relacionarnos con ella. Para «darse cuenta de las cosas», para darse cuenta de su propia existencia, del entorno, y de su actitud o conducta. Intervienen en este concepto nuestras percepciones, nuestras ideas. Es esencial tener consciencia de nuestras emociones, de nuestros sentimientos, de nuestras creencias, para evaluar lo que estamos viviendo y para efectuar cambios si los consideramos necesarios, para estar en armonía. Yo creo que sin consciencia nuestras reacciones serán como actos reflejos. Somos inconscientes cuando actuamos de forma irracional, es decir, sin dar lugar a la atención.

¿Cuál es la diferencia entre la conciencia y consciencia? Los autores sostienen que hay diferencias entre ambos términos y mantienen que *tomar consciencia (con s)* se refiere a darse cuenta de las cosas. Y *tomar conciencia* se refiere a darse cuenta de algo y emprender una acción como respuesta a ese darse cuenta.

Por ejemplo: si alguien sabe que tiene kilos de más, es *consciente (con s)* de que los tiene. Pero si actúa frente a este dato que conoce sobre su peso (modificando su estilo de vida, haciendo dieta y ejercicio) se dice que es *conciente.*

Creo que lo importante no es referirse a la consciencia con *s* o con *c*, esto no tiene mayor peso, debemos saber que la conciencia es ese instrumento que hace que nos demos cuenta de «por qué» y «para qué» de las situaciones que se nos presentan en la vida. Luego será nuestra voluntad la que nos acompañe en el camino al descubrimiento. Esa voluntad que nos acompaña en nuestro trabajo personal diario, para ir creciendo, desarrollándonos, expandiéndonos, sabiendo que podemos ser cocreadores de la realidad. Puesto que, según la óptica o filtro con que interpretemos la realidad, seremos más felices o más desdichados. Algunas personas suelen confundir el pensamiento positivo con el no ser realistas. La persona optimista no niega la realidad, ni niega las dificultades, lo que tienden a hacer las personas optimistas es cambiar el foco de atención, es decir, buscar las oportunidades donde la mayoría de las personas no las ven. Mantenernos en equilibrio. Estar serenos aunque sea en medio de la tempestad, frente a los retos que se nos presentan, además de hacernos sentir con más ilusión y con más optimismo, puede permitirnos abrir la puerta que nos lleve hacia nuestros objetivos. Pero esta visión no se logra solamente con saber ni con desear que esos objetivos se cumplan, se trata de ponerse manos a la obra.

Un personaje histórico que se mantuvo sereno frente a los retos fue Thomas Alva Edison.

«No he fracasado, solo me he topado con 10 000 maneras en las que esto no funciona».

El prolífico inventor estadounidense Thomas Alva Edison, nacido en 1847 y fallecido a sus 84 años en 1931, fue uno de los grandes inventores que debemos señalar del siglo xx. Además de ser el creador de la bombilla incandescente, desarrolló muchos dispositivos como el fonógrafo, la cámara de cine, sus inventos contribuyeron al desarrollo de las telecomunicaciones.

También es conocido por sus frases, donde deja plasmada su visión sobre la *constancia, el trabajo duro y nuestra capacidad de no rendirnos frente a los fracasos*. Este gran inventor probó, intentó, hacer funcionar la bombilla incandescente miles de veces. Entonces señaló: «No he fracasado, solo me he topado con 10 000 maneras en las que esto no funciona».

Son los errores, la prueba ensayo-error, los que nos permiten perfeccionar y corregir aquello que queremos lograr. Nunca bajar los brazos y volverlo a intentar era su filosofía. Entre una de sus frases encontramos: «El genio es 1 % de inspiración y un 99 %

de transpiración». Lo que ocurre es que la relación que tenemos con nuestros errores no es muy buena, no los evaluamos como un resultado de una acción que evidentemente por su resultado debemos cambiar, sino como una caída dolorosa. Siempre recuerdo la frase que repetía mi padre: «Me caigo y me levanto», frase que utilizaba cuando se encontraba frente a un obstáculo y quería volverlo a intentar. Esta frase fue y es, para mí, un empuje cuando por diferentes circunstancias de la vida debí enfrentarme a ciertos desafíos. Me ha ayudado mucho a seguir intentándolo, sabiendo que, nos guste o no, así funcionan las cosas.

El autoconocimiento

«Tu visión devendrá más clara solamente cuando mires dentro de tu corazón. Aquel que mira fuera sueña. Quien mira en su interior despierta», Carl Gustav Jung (1875-1961), médico psiquiatra suizo. ¿Cómo podemos conocernos, ser conscientes, cómo podemos despertar? Una condición indispensable es observarnos, estar atentos a nuestras emociones, a nuestros pensamientos, a nuestra conducta en el «ahora». Cuando queremos conocer a alguien, ¿qué es lo que hacemos? Lo observamos. Miramos con atención cómo reacciona ante determinadas situaciones, observamos qué lenguaje utiliza, cómo es su tono de voz, qué actitud toma frente a determinadas situaciones, todos estos datos nos dan una visión sobre la manera de actuar, de reaccionar, de responder de esa persona. Este mismo método es el que tenemos que utilizar con nosotros mismos. A partir de esta observación, podemos ir en búsqueda de nuestro crecimiento personal. El primer paso por dar es el conocimiento y gestión de nuestras propias emociones. Se sabe que tenemos entre 60 000 y 70 000 pensamientos diarios y que suelen ser repetitivos, negativos y pertenecientes al pasado. En estos pensamientos disfuncionales es donde tenemos que trabajar, porque si no lo hacemos quedamos a merced de ellos. Cuando empezamos a conocerlos, cuando los hemos identificado, gracias a nuestra toma de conciencia, empezamos a darnos cuenta de que mucha de la infelicidad que solemos experimentar se produce por nuestra narrativa mental. El conocimiento y la gestión de nuestras emociones es el primer paso por dar. Debemos prestar atención en el momento que aparecen determinadas emociones, como la alegría, el miedo, la tristeza, el enfado y cómo reaccionamos ante ellas. Es decir, cuál es nuestra respuesta corporal, qué tono de voz utilizamos, cómo es nuestra expresión facial. Intentando identificar las señales internas, que nos alertan de la presencia de una u otra emoción, ante una determinada situación, reconociéndolas, para evaluar si esa emoción nos trae resultados positivos o negativos; haciendo un diagnóstico para buscar la gestión más adecuada a esa emoción. Las emociones son señales que percibimos ante un determinado estímulo, no podemos clasificarlas en negativas y positivas, porque todas ellas nos aportan un mensaje que puede sernos de gran utilidad. Cuando sentimos miedo, no se trata de no escuchar esta señal, porque esta emoción nos está avisando sobre un peligro. Pero si ese miedo se extiende en el tiempo y aparece cuando en realidad no estamos frente a un peligro real, la llamamos disfuncional . Es muy importante la escucha de nuestras emociones, porque nos aportan datos sobre nuestra interpretación de la realidad. Y si nos damos cuenta de que esa interpretación nos resta, en vez de sumar a nuestra calidad de vida, debemos actuar para corregirla en pro de nuestro bienestar físico y emocional.

El psicólogo Daniel Goleman, que he mencionado anteriormente, fue el creador del programa SEL (Social and Emotional Learning) utilizado en varias escuelas del mundo, dedicadas a enseñar a los niños y a los adolescentes las habilidades de la inteligencia emocional. En este aprendizaje, se enseña el saber escuchar, el modo de hablar que ayuda a resolver conflictos, en lugar de generarlos, entre otras habilidades. Y no se limita solo al mundo académico, sino también se aplica al mundo empresarial y al mundo hospitalario. El hecho de gestionar adecuadamente las emociones repercute de forma positiva, para alcanzar los objetivos propuestos. El autoconocimiento resulta clave en la existencia del ser humano, este saber nos proporciona diferentes datos obtenidos del mundo exterior, a través de nuestros sentidos y también nos aporta información de nuestro mundo interior. Esta consciencia de sí mismo resulta muy importante, porque incide en todos los aspectos de nuestra vida. A través de ese «conocerse» tomamos las riendas de nuestra cotidianidad, nos hacemos conscientes de nuestras habilidades, de nuestros recursos, o de nuestras limitaciones, para mejorarlas.

La educación emocional

La educación emocional y mental, tanto en nuestro colegio como en el instituto, sobrevolaba sobre las asignaturas humanistas, sin llegar más allá del plan de educación establecido. Se ofrecía información sobre estos temas, pero no lo llevaban a lo cotidiano, es decir, como afirma el conocido escritor alemán, Eckhart Tolle, creador de varios libros, entre ellos *El poder del ahora*: «La escuela no enseña a los niños a utilizar la mente». Por lo que la conducta humana no era abordada dentro de la cotidianidad, sino dentro de la asignatura correspondiente y con distanciamiento intelectual. Donde la información filosófica se limitaba a pensamientos de diferentes autores, las fechas de nacimiento de estos, pero no había lugar a cuestionar o a debatir. No formaba parte de la instrucción educativa, y no se enseñaban técnicas para gestionar el mundo emocional, el mundo cotidiano, lo que nos hacía vulnerables frente a los cambios, frente a los avatares de las situaciones vividas, o frente a la variedad de las relaciones humanas. Pasábamos por desafíos, que cada una intentaba superar lo mejor que podía. ¿Y si hubiera una forma de vivir en armonía, con resiliencia, con paz interior, frente a retos importantes? ¿Cuál sería la manera? Si queremos hacer un pastel debemos saber cuáles son los ingredientes necesarios para dicho pastel, así como el tiempo de cocción, la forma de cocinarlo, para que ese pastel esté bueno y podamos disfrutar de él. Entonces..., si queremos cultivar un buen estado de ánimo, frente a las dificultades que pasamos en la vida, debemos saber cuáles son los ingredientes necesarios para generar un buen estado de ánimo, que nos permita tener esa fuerza interior, para hacer frente a los obstáculos que puedan presentarse en la vida y seguir estando en equilibrio.

Ya hemos mencionado el aporte realizado por Paul Mac Lean en la segunda mitad del siglo xx. Este neurólogo y psiquiatra norteamericano aportó a la neurociencia su teoría del cerebro triúnico, donde describe tres cerebros que evolutivamente se fueron formando y responden a diferentes facetas humanas. Desarrollaremos esta teoría que explica el intercambio de información con las capas más profundas del cerebro.

Describiendo al neocórtex como el que controla nuestras capacidades cognitivas como la memoria, la concentración, la resolución de problemas. El sistema límbico, conocido como el cerebro emocional, es el lugar del cerebro que coordina nuestras emociones, el miedo, la agresión, donde tiene lugar nuestras respuestas de supervivencia, y el sistema reptiliano responsable de los instintos y es el que controla las funciones autonómicas como la respiración y el latido del corazón.

Dentro del sistema límbico se encuentra la amígdala, cuya función es el procesamiento de las emociones que resultan primordiales para la supervivencia. Al detectar alguna señal de peligro esta estructura desarrolla una serie de respuestas conductuales para poder sobrevivir. Se encuentra en el centro del cerebro y se comunica con la corteza prefrontal, que es la parte consciente de nuestro cerebro. La información va pasando por varias estructuras antes de llegar a la corteza prefrontal. Fue el doctor Joseph Ledoux, neurocientífico norteamericano, quien en 1984 descubre que la amígdala puede acceder a la corteza prefrontal por otro camino. Cuando pasamos por un gran enfado se activa este camino secundario de modo que nuestra conducta está controlada por la amígdala, el momento en el que estamos en ese estado se denomina secuestro amigdalino o secuestro emocional. No procesamos otra información que no sostenga nuestro enfado, el cerebro inhibe cualquier otro tipo de información. Para salir de estos estados se requiere un acto de conciencia, se requiere una educación emocional. Es importantísimo conocer cómo funcionamos para educarnos en consecuencia, para saber qué hacer, para estar preparados frente a estas circunstancias que nos originan malestar y sufrimiento. Pero claro está, esto requiere una dedicación diaria a dicha tarea. Un entrenamiento, un hábito, que debe instalarse en cada ser humano en pos de su bienestar. Pero desde el mundo académico este aprendizaje no fue puesto en valor, dando por resultado una sociedad desvalida, con importantes índices de violencia, con una empatía bastante mejorable, donde los valores humanos se aprendían, como enunciados de cualquier otra asignatura.

El ejemplo de los valores

Pienso que la educación no pasa por el enunciado de los valores humanos, sino por su ejemplo. No podemos educar a nuestros hijos solo enseñándoles qué son los valores si nosotros, como padres, no los practicamos.

Mi formación académica la realicé en instituciones que eran consideradas de buen nivel, pero la educación emocional no estaba puesta en valor, ni siquiera en ese tipo de institutos. Gracias a la conducta de mi padre en relación con los valores humanos, pude comprender su alcance.

Un día, mi padre trajo a casa una televisión, un aparato que muy poca gente tenía en aquella época y que resultaba hipnotizante. Era curioso ver como algunas personas del barrio se asomaban a nuestra ventana para ver ese novedoso artilugio. Había una serie (como se dice hoy día) de suspense, que tenía mucha audiencia entre los que tenían aquel aparato vanguardista. Un día mi padre llegó de trabajar y le dijo a mi madre: «Hoy vendrán varios niños del barrio a ver la serie de televisión, los he invitado yo, y he comprado *pizza* y helados para invitarlos a todos». Creo que.. a mi madre no le convenció mucho la idea, pero.... las invitaciones ya estaban hechas. Unos momentos antes del comienzo de la serie, comenzaron a venir varios niños, algunos los conocíamos, a otros no. Se sentaron frente a la televisión, y aquel aparato absorbió la atención de aquellos ojos, que se disponían a disfrutar del espectáculo. Cada uno tenía su porción de *pizza* y su Coca-Cola. Nuestra casa se había convertido en una improvisada pero acogedora «sala de cine», para esos niños, que miraban con curiosidad aquel aparato. Algunos de ellos eran de origen humilde, venían de clases sociales menos favorecidas y no tenían acceso a este tipo de cosas. Al terminar la serie, se repartieron los helados y se fueron yendo lentamente, saludando a mi padre, dándole las gracias por la invitación. Recuerdo la cara de esos niños saludando a mi padre con un halo de incredibilidad, por haberlos invitado como si esperaran que ellos devolviesen algo a cambio. Cuando se dieron cuenta de que fue una invitación hecha desde el corazón, con mucha generosidad y con la única intención de hacer disfrutar a todos ellos de esa nueva invención, la televisión, se mostraron más abiertos y confiados.

En otra ocasión, mi padre llegó más tarde de lo habitual a casa, supimos luego la razón. Había invitado a unos niños que solían jugar en la calle a comer unos perritos calientes, muy reputados, de Coquito. Era un sitio muy reconocido por sus perritos calientes de un excelente sabor. Allí merendaron todos los niños con mi padre. Cuando le pregunté a mi padre por qué los había invitado, me contestó: «Estos niños no tienen la posibilidad de ir a comer estos perritos calientes porque son pobres y no pueden permitírselo. Vosotras vais todos los días a merendar allí, cuando salís del colegio, pero estos niños no tienen esa "suerte"». Estas invitaciones se repitieron en otras ocasiones, mi padre tenía fácil contacto con los niños, quienes le querían y le respetaban. Y eso me hacía sentirme orgullosa de él. Aprendí desde pequeña a través de su ejemplo, la empatía, la compasión, la gratitud, la generosidad, valores que se incorporan a través del ejemplo y no desde el discurso. Aquí podemos reflexionar sobre estos valores humanos, que se desprenden de estas anécdotas: *la empatía, la compasión, la gratitud, la generosidad.*

La empatía es la habilidad de ponerse en la situación emocional del otro. Ponerse en sus zapatos…, que, por cierto, los de estos niños estaban rotos y sucios. La empatía propicia la ayuda mutua, está estrechamente relacionada con el altruismo, con el amor a los demás y con la capacidad de ayudar.

La compasión. ¿Qué es la compasión? ¿Es sentir solo pena por alguien que vemos sufrir? No. Sobre todo invita a comprender, a explorar, porque una persona hace lo que hace. Y desde esta perspectiva poder ayudarla. La compasión es la base de la empatía. La compasión es solidarizarse con el sufrimiento ajeno, comprenderlo y tratar de aliviarlo.

La gratitud. La gratitud es una actitud que adoptamos frente a la vida. ¿Nuestro foco de atención está en el vaso medio lleno, o en la visión de un vaso medio vacío? El vivir desde el agradecimiento es tomar una actitud que, además de beneficiarnos, pues nos permite tener mejor autoestima, un mayor grado de resiliencia, aumenta nuestro grado de bienestar. Dice un refrán popular: «De bien nacidos es ser agradecidos». La neurociencia nos dice que los seres humanos, cuando nos entrenamos en la gratitud, liberamos una hormona llamada oxitocina. Esta hormona reduce la ansiedad, el miedo, la fobia y estimula el afecto. Es necesario saber que diversas investigaciones científicas han constatado el sesgo de negatividad existente en el ser humano. Este sesgo es una tendencia a vernos más afectados por una crítica que por un halago. ¿Pero por qué nos sucede esto? Según estas investigaciones, este sesgo de negatividad tiene un sentido evolutivo, porque puede salvarnos la vida en momentos en que percibamos que nuestra vida puede estar en peligro, sea cierto o no. El cerebro carece de un sistema que nos permita reaccionar ante lo bueno. ¿Por qué? Porque no nos va la vida en ello. Por lo que entrenarnos en la gratitud nos proporciona un equilibro, un bienestar, frente a este sesgo de negatividad, que ya viene con nosotros.

La generosidad. Diferentes culturas, diferentes religiones, y ahora la ciencia, nos hablan del papel benéfico de este valor humano. Alegando diferentes respuestas pero concluyendo que este valor nos hace mejores personas. El dar, sin esperar nada a cambio, no solamente dar cosas materiales, sino sobre todo ayudar a aquellos que más lo necesitan, cultiva nuestro altruismo y nuestra solidaridad.

Se han realizado diversas investigaciones seriamente fundamentadas, en el estudio de la generosidad en relación con la actividad de nuestro cerebro, y han podido demostrar que el cerebro presenta más actividad en diferentes áreas del cerebro, que tienen que ver con el bienestar, cuando damos respuestas generosas. Por lo que nos sentimos mejor, más felices, y si estamos felices, estamos abiertos a dar lo mejor de nosotros mismos. Además de ayudar a quien lo necesita , la persona que «da» también recibe.

Debemos saber que *entre el egoísmo absoluto y una generosidad exagerada existe un camino medio, al que tenemos que aspirar,* puesto que cuando hablamos de «egoísmo» entendemos la actitud de una persona que antepone sus propios intereses por encima de los demás y que carece de empatía, donde suelen prevalecer estados de estrés o de ira. El egocéntrico es aquella persona que se considera el centro de atención, y piensa que sus intereses y opiniones son más importantes que las de los demás. Por eso se siente el «centro». En la sociedad actual, esta postura cobra relevancia en las redes sociales, donde se valora el competir, el consumir, el que más «seguidores» tiene, como si esto ya fuese garantía de éxito, de su valor como ser humano. El ego funciona como una máscara social, necesita halagos, aprobación, porque en el fondo hay miedo. El escritor Eckhart Tolle define al *ego* como ese falso yo, fabricado por la mente, quien considera importante el pasado, o el futuro, dándole una mínima importancia al momento presente, y esta consideración nos empuja hacia el sufrimiento.

El ego, en el lenguaje cotidiano, no tiene muy buena prensa, todos hemos oído hablar sobre personas que tienen o demuestran un ego desmedido, cuando se comportan como si fueran dueños de la verdad, no tienen capacidad de escucha y muestran una gran importancia a su persona, desentendiéndose de alguna manera de los demás. El ego se constituye desde la más temprana edad, y se va formando con las percepción que tienen los demás sobre la persona. Pero el ego es el que organiza las percepciones, las ideas. Muchos autores sostienen que el ego no es ni malo, ni bueno. Yo creo que el ego debe ser equilibrado y controlado para que no tomemos decisiones desde el ego y que estas decisiones nos terminen originando sufrimiento por una razón u otra.

¿Qué es y cómo funciona eso que llamamos ego?

Sigmund Freud, este médico neurólogo y creador del psicoanálisis, describía tres instancias en el aparato psíquico, el Ello (compuesto por impulsos y deseos), el Superyó (formado por la moral y las reglas culturales), el Yo o Ego (esta instancia psíquica en la que el individuo se reconoce a sí mismo). El ego en latín significa «yo», es una instancia psíquica en donde una persona se reconoce como «yo», es decir, es consciente de su propia identidad. Esta identidad se va formando como resultado de nuestras vivencias, desde la gestación hasta la interpretación que vamos haciendo de las experiencias vividas. Nos hacemos una imagen de nosotros mismos. Pero si aceptamos la idea de que el ego nos proyecta hacia una idea de separación, de miedo, que nos hace sentir superiores o inferiores, que nos empuja a juzgar, a rechazar al otro, ¿podemos pensar que al ego hay que anularlo? Desde la óptica budista el «ego» debe ocupar una posición de «consejero», es decir, no debemos permitir ser dominados por él, debe ocupar la posición de acompañante pero nunca de piloto. **Cuando nos aferramos al «ego», nos volvemos intransigentes, estamos condicionados por él, con dificultad para** *empezar a caminar por la senda contraria a la presencia de un ego desmedido.*

En el terreno de la literatura el autor Robert Louis Stevenson en su obra *El Dr. Jekyll y Mr. Hyde*, también llevada al cine, simboliza la lucha interna de dos personajes, entre el bien y el mal, como si habitara dentro de nosotros. Dos personajes contradictorios que mantienen un diálogo interior. Esta imagen del diálogo interior podría ser resultado de lo que se conoce como mente dualista o mente condicionada.

Pero... ¿qué es la mente dualista o condicionada? Yo diría que lo que se conoce como mente dualista o condicionada es la manera de interpretar al mundo y a nosotros mismos. Sería toda aquella información que hemos adquirido por las experiencias vividas y de la interpretación que hemos hecho de esas vivencias, posiblemente influenciados por esa mente dualista. Todo esto conforma una manera de ver la vida. Si buscamos qué es la mente dualista nos encontramos que se define como una tendencia que nos ha llevado a organizar el mundo en dos categorías. Por un lado estaría la mente, las ideas, la racionalidad y por otro lado lo material. Y allí habitan ideas que generan un diálogo interior. Es decir, venimos al mundo y nos condicionan bajo un esquema de pensamiento que se dio hasta hace poco como válido.

René Descartes fue un filósofo, matemático francés, que vivió entre 1596 y 1650 y es considerado el iniciador del racionalismo. Es decir, la creencia de que *la principal forma válida de conocer el mundo de manera objetiva es la que se realiza a través del razonamiento lógico, sosteniendo que para estudiar la realidad se debe separar la mente de la materia.* Descartes fue el que pronunció la conocida frase «Pienso, luego existo» —*cogito ergo sum*—, lo que señala que la mente y la materia son entes separados, pero si el pensamiento y la existencia son indudables, a partir de aquí se pueden establecer nuevas certezas. Sin embargo, la búsqueda de la verdad pasó a ser una tarea que le absorbería. Descartes sostenía que «para investigar la verdad es preciso dudar, en cuanto sea posible, de todas las cosas». **La idea de Descartes ha influido profundamente en la cultura occidental.**

Las ideas de este pensador fueron estudiadas por otros intelectuales en el mundo de la ciencia. En el libro del neurólogo António Damásio, publicado en 1994, al que tituló *El error de Descartes*, sostiene que su error fue haber señalado la separación entre mente y cuerpo. La parte racional y parte emocional. Numerosas investigaciones de peso han demostrado, gracias a la tecnología y a los avances realizados por la ciencia, la estrecha relación existente entre mente y cuerpo.

Pienso, luego existo (Descartes) sería: pensar es igual a ser.

El doctor Damasio sostiene que es lo contrario.

En principio fue el ser (existencia) y luego el pensar.

Sería: «Existo, luego pienso».

Es impactante comprobar como las ideas de un hombre relevante en su época han dejado una huella marcada en la cultura occidental, para la interpretación del mundo, del ser y de las cosas.

Y años más tarde escuchamos otras voces de peso, que rebaten, complementan o consideran caducas la idea original. Cuánta riqueza existe en los aportes de todas estas mentes pensantes que existieron y existirán hacia el camino de «la verdad».

Sentir y conocer el mundo

Durante los primeros años de nuestra educación, mi madre nos acompañaba a diario en el camino que realizábamos para ir al colegio. Un colegio de pago, de educación religiosa que gozaba de buena reputación académica, solo para niñas. Tomábamos un autobús y luego hacíamos una marcha a pie hasta llegar al edificio del colegio, que tenía una entrada con unos bonitos jardines laterales y una estatua de la Virgen María en el camino a la entrada. Al llegar a la puerta nos recibía una señora de una cierta edad, que controlaba el ingreso al colegio. Mi madre nos saludaba y mi hermana y yo entrábamos en aquel edificio que ocupaba una manzana entera, regentado por una congregación de monjas; era colegio e instituto con una importante infraestructura para el aprendizaje. Teníamos una sala de física y química donde se realizaban las clases, de forma práctica. Realizamos la «germinación de semillas», posibilitándonos ver el desarrollo y crecimiento de las plantas. En los cursos superiores se hacía la disección de una rana, así como diferentes experimentos físicos y químicos. Tenía un buen salón de actos, con un gran escenario para realizar representaciones teatrales con un telón rojo de terciopelo y butacas reclinables como las de las salas de cine. Un gran comedor donde comían el personal docente y las internas, pues había niñas que vivían permanentemente en el colegio, las llamadas pupilas. Y por supuesto una capilla o iglesia con capacidad para celebrar, además de las misas, comuniones o bodas. Con un gran órgano en la parte superior y con salida a los jardines laterales. Las aulas eran espaciosas con grandes ventanales, que me llevaban algunas veces a perderme hacia el exterior observando las palmeras de los patios de los recreos, que se podían ver desde algunas aulas. Con el lápiz en la boca como asombrada por lo que percibían mis sentidos me preguntaba si toda aquella «realidad» que yo percibía era la misma que percibían los demás. Es decir, si los colores a los que denominábamos rojo, azul o amarillo los otros también los veían de ese mismo color. ¿Y las formas cuadradas, redondas, triangulares eran percibidas por los demás como yo las percibía?

Más tarde encontré respuestas a estas preguntas. Los estudios en este campo sostienen que la realidad es leída por nuestros sentidos, por lo que estas preguntas pondrían en cuestión la validez de estos sentidos. Percibimos la información del mundo exterior, a través de ellos, clasificamos esta información y la categorizamos.

¿Y los colores cómo los percibimos?

El cerebro y los ojos tienen una íntima relación. La información visual que aportan los ojos a través de la retina llega al cerebro, quien interpreta y procesa esta información. La luz se refleja en los objetos, y son las células fotosensibles de la retina, llamadas bastones y conos, *las que reconocen las diferentes longitudes de ondas de luz, y así podemos diferenciar los colores.* Los bastones están situados principalmente en la periferia de la retina y nos informan sobre la claridad u oscuridad. Y los conos se relacionan con la visión del color. A la hora de percibir los colores, es importante tener en cuenta la longitud de onda y la iluminación, pues el color lo interpretamos dependiendo de la luz que se refleje sobre el objeto. Fue el inventor, filósofo y matemático Isaac Newton (1519-1642) quien afirmó: «La luz es la fuente del color».

Los colores no son intrínsecos al objeto, ni el cielo es azul, ni la pera es verde. La luz cuando se desplaza en el espacio lo hace en calidad de onda. Dependiendo de la luz que absorba el objeto y de sus características, veremos un color determinado. Normalmente una naranja al ser iluminada con luz blanca absorbe todas las frecuencias de luz, salvo la luz roja. Que es la que se refleja y llega a nuestros ojos.

También los ojos claros suelen cambiar de color. ¿Por qué se produce esto? Los estudios señalan que puede deberse al cambio de tamaño de la pupila, pues cuando esto sucede los pigmentos del iris se comprimen o se esparcen. Es la luz solar la que con su presencia o su ausencia hace variar el color de los ojos, también en algunos casos pueden influir causas genéticas. Entonces, aquí podemos encontrar la respuesta a aquella pregunta: ¿todos vemos los colores de la misma manera?

Algunas investigaciones señalan que puede haber personas que perciban los colores ligeramente diferentes. Esto es debido a que no todos tenemos la misma cantidad y tipos de células fotorreceptoras de la retina (aquellas células que son sensibles a la luz). Existe una patología llamada «acromatopsia», en la que los conos de la retina no funcionan correctamente y la persona que padece esta enfermedad solo ve en blanco y negro.

En una visión normal, existe una gran similitud en nuestra percepción en relación con los colores. Pero la diferenciación de los colores dependerá de *la luz que reciba el objeto, de las características de este y del ojo del observado*r. Por lo que podemos concluir que la percepción de los colores está condicionada por estos factores. Hoy sabemos que la «sinestesia» se refiere a la percepción que algunas personas experimentan como si se unieran dos sentidos para interpretar la realidad. Por ejemplo, al escuchar una melodía se pueden percibir determinados colores, así como sentir sabores al escuchar a una persona hablando. Este concepto también es utilizado como figura retórica, es decir, mezclando sensaciones de diferentes sentidos, por ejemplo: el frío de su mirada, sus palabras sabían a hipocresía, la dulzura de aquella melodía.

¿Cómo percibimos las formas?

¿**Y** las formas cuadradas, redondas, triangulares, eran percibidas por los demás como yo las percibía? Tomamos conciencia del mundo exterior a través de nuestros sentidos, y también de nuestro cerebro. Según sea la arquitectura de nuestro cerebro, interpretamos el estímulo. Los investigadores descubrieron que un área del cerebro, llamada *corteza visual primaria,* es la que procesa esta información. Y esta región no tiene el mismo tamaño en todos los individuos, lo cual influye en cómo ven el entorno y también en cómo lo procesa cada uno, produciendo lo que llamamos «ilusiones ópticas», que influyen en cómo vemos los objetos, pudiendo ver un objeto más grande que otro, o un objeto más cerca del otro. Nos engañan para hacernos creer algo.

Señalaba Aristóteles en su libro *Metafísica*:

«El todo es más que la suma de las partes».

Es decir, el cerebro humano organiza la percepción en su totalidad, elaborando una imagen global de su conjunto. Porque cada parte tiene sus propiedades individuales, pero al formar un todo las propiedades son distintas de las que tenían las partes que lo integran. Por ejemplo, las características individuales de cada miembro de una familia, carácter, modo de ser y de estar son diferentes. Al formar parte de un sistema familiar existe una interacción que conforma una conducta. Es decir, cada elemento no pierde sus propiedades individuales, pero funcionan de una manera distinta. Esta idea ha influenciado en la psicología sistémica, que trabaja en el buen funcionamiento de las relaciones entre familias, empresas. Quizás también podemos relacionarlo con uno de los principios de la física cuántica en cuanto a que lo observado influye en lo observable. Unos a otros se determinan. De modo que las formas de percibir el mundo, también como en la percepción de los colores, dependen de varios factores en los que, además de estar implicados nuestros sentidos, lo está también nuestro cerebro.

¿Y qué nos aporta la terapia de la Gestalt, en relación con nuestra percepción?

La palabra *Gestalt* proviene del alemán, traducida al español podría ser «totalidad», «forma» o «configuración». *La terapia de la Gestalt es una corriente psicológica que se ocupa del estudio de la percepción humana.* En 1951 en Nueva York, el médico neuropsiquiatra y psicoanalista alemán Friedrich Perls, junto con su esposa Laura Posner, psicoterapeuta, establecieron las bases de la terapia de la Gestalt. Esta teoría se basa en una visión integradora del ser humano. Lo concibe como un conjunto o estructura, donde mente y cuerpo forman parte de un mismo sistema. Es percibirse y percibir las cosas como parte de un todo. Tiene una relación con la psicología de las formas, que fue una teoría psicológica de los años 30, que hacía hincapié en la importancia de ver las cosas como conjunto.

La Gestalt prioriza el «aquí y ahora», tomando conciencia. Dándonos cuenta de qué pasa en nuestra mente y en nuestro cuerpo en el momento presente, forma parte de la corriente de la psicología humanista, que se fundó en 1961. Los miembros de esta corriente fueron Carl Roges, Gordon Alllport, Fritz Perls, Paul Wong y otros. Para la psicología de la Gestalt, existen unas leyes que explican por qué al percibir un estímulo tenemos una determinada percepción. Y estas leyes explican que, ante la percepción del estímulo, nuestra mente juega su rol.

La mente organiza las percepciones tendiendo a atribuir la forma más simple, agrupando los elementos que se asemejen, las imágenes simétricas son percibidas como iguales, y otras serie de respuestas ante ese estímulo. La terapia de la Gestalt concibe al ser humano en su totalidad, entendiendo que cuerpo, mente y emociones forman un todo.

Uno de los seguidores de esta terapia fue Claudio Naranjo, psiquiatra chileno, fallecido en 2019 en California (EE. UU.), que sostenía que la Gestalt es una forma de vida centrada en el aquí y ahora, acompañada de una búsqueda de nuestra parte espiritual y de nuestra esencia.

Entre los principios de la Gestalt podemos señalar algunos de ellos:

La ley de simplicidad, según la cual tendemos a organizar nuestros campos perceptuales con rasgos simples, regulares.

La ley de contraste. El tamaño de los elementos que percibimos está afectado por los elementos que lo rodean.

La terapia de la Gestalt se centra en los recursos de la persona, en su capacidad de autorregularse, en su potencial. Prestando atención a las sensaciones físicas y en las emociones. Coincide con la meditación, el *mindfulness*, en lo que se refiere al concepto de aceptación, ya que propone aceptar lo que nos ocurre, en vez de luchar contra ello.

La complicidad

Cuando pensaba en estos temas y otros tantos que pasaban por mi mente, solo los compartía con mi padre. No me atrevía a compartirlos con compañeros o personas más adultas. Pues pensaba que se instalaría la burla y las bromas cursis y no habría lugar a un diálogo, en busca de una respuesta. Esa era mi creencia. Mientras que mi padre siempre me escuchaba, incluso si la pregunta parecía insólita o desestabilizadora. Y mi padre parecía tener una respuesta para todo. Recuerdo que no me parecía posible que encontrase siempre una posible respuesta ante las preguntas que le planteábamos. Pero lo hacía humildemente, sin grandes retóricas y expresando posibles respuestas. Mi padre tenía una inteligencia deductiva; si le preguntábamos sobre un problema matemático que teníamos que resolver, le daba vueltas y al cabo de un tiempo daba con la solución. Incluso a veces nos señalaba que el enunciado del problema matemático estaba mal formulado y nos incitaba a descubrirlo.

La antigua Grecia

En el último año en el que cursaba la escuela primaria, me tocó hacer un trabajo sobre el mundo griego, este trabajo requería una búsqueda exhaustiva sobre las ciudades griegas, su modo de vida, su arquitectura, sus pensadores. Debía hacer una exposición oral, bien argumentada con ilustraciones, por lo que fue necesario preparar muy bien esta exposición para acceder a la escuela secundaria con una buena nota. Mi padre me ayudó a prepararla, visité en varias ocasiones la biblioteca para reunir el material necesario sobre este tema que era muy amplio. Aún recuerdo las láminas que había preparado sobre los diferentes estilos arquitectónicos de algunas de las antiguas ciudades griegas, donde explicaba, entre otras cosas, el tipo de estilo que tenía cada templo. El estilo dórico, el jónico o corintio y la influencia de estos estilos en la arquitectura occidental de épocas posteriores.

Fue un arduo trabajo, pero mi padre decía: «Esto te prepara para la escuela secundaria, donde es frecuente presentar este tipo de exposiciones». Pero claro, para mí era *la primera exposición oral,* algo que nunca había hecho. El apoyo de mi padre fue fundamental, porque iba indicándome cómo comenzar y exponer lo que se me había pedido con agilidad y conocimiento. ¡¡¡Menuda tarea!!!

Comencé hablando del templo Erecteion, construido entre el 421 y 407 a. C. Su arquitectura es de estilo jónico y está ubicado en la Acrópolis de Atenas (la Acrópolis era la parte más alta de las ciudades griegas) en honor a los dioses Atenea, Polias, Poseidón y Erecteo. Sostenido por columnas de figuras femeninas llamadas las Cariátides. Luego, claro que sí, hablaba del Partenón, que data del siglo V a. C., uno de los principales templos construidos durante la época de Pericles con estilo dórico, consagrado a la diosa Atenea, la diosa protectora de Atenas y aquí introducía en la exposición pasajes sobre la mitología griega haciendo alusión a los principales dioses de la antigua Grecia: Zeus, dios soberano del Olimpo (el Olimpo era el hogar donde moraban los dioses). Poseidón, dios de los mares y océanos, y otros tantos de los que mencionaba su nombre y qué representaban. También hice referencia a los grandes pensadores, entre ellos a Sócrates (470-399 a. C.), una figura capital en la filosofía universal, quien tuvo como discípulo a Platón y este a su vez a Aristóteles. Fui relatando su vida y su pensamiento. Sócrates, quien no dejó obra escrita, poseía una apariencia física, regordeta, desaliñada con vientre prominente. Cuando comenté esta descripción, esto generó algunas risas entre mis compañeras de clase. El pensamiento de Sócrates se centró en el ser humano, en su ética. Durante una buena parte de su vida Sócrates mantenía largas conversaciones con gente común, con estudiantes y estas conversaciones se realizaban en mercados, en gimnasios de Atenas o en sitios públicos. Su forma de trasmitir conocimiento involucraba al interlocutor. Al morir su padre y con la herencia recibida, pudo vivir modestamente sin grandes preocupaciones económicas, lo que le permitió dedicarse a filosofar.

Lo que se conoce sobre sus reflexiones es gracias a Jenofonte, historiador, filósofo y militar griego, y al filósofo Platón, quien relata en *Diálogos* las reflexiones socráticas. Estuve estudiando todos estos nombres griegos, fecha y relatos, mi preparación me llevó semanas. En la exposición oral, seguí las indicaciones que me había dado mi padre, hablando de forma pausada, clara, vocalizando bien, utilizando diferentes tonos de voz para hacer hincapié en determinados temas, invitando a la reflexión con preguntas que se formulaban. Obtuve la calificación más alta a pesar de que la profesora no me dejó terminar la exposición, felicitándome por la «ponencia». Aquella ponencia fue para mí una experiencia vertiginosa porque conllevaba «hincar los codos» seriamente. Además de manejar una serie de emociones para hablar en público, para saber trasmitir el mensaje, para recordar lo estudiado, para manejar el lenguaje corporal. Pero al mismo tiempo ese desafío me tentaba, tenía a mi padre acompañándome para resolver dudas sobre el trabajo y saber *eso* me daba empuje y seguridad. Hoy podría decir que la figura de mi padre en aquel momento actuó como la figura de un *coach*, un entrenador personal, y ese fue su rol en la preparación de aquella ponencia.

Al finalizar aquella presentación hubo una rueda de preguntas que podían hacer mis compañeras de clase y yo debía responder argumentando mis respuestas. Una de aquellas preguntas fue: ¿el hombre es bueno o malo por naturaleza? Comencé por exponer los diferentes puntos de vista de pensadores, de filósofos en relación con esta pregunta. Para citar solo a dos pensamientos antagónicos, cité al filósofo y escritor Jean-Jaques Rousseau nacido en 1712 en Ginebra, Suiza, que sostenía que «el hombre es bueno por naturaleza». Su tratado filosófico sobre la bondad natural del hombre titulado *Emilio, o De la educación*, publicado en 1762, es un texto que aborda un sistema educativo basado en la experiencia y en la naturaleza donde expone sus teorías sobre la educación. Para el autor, el ser humano nace bueno y libre, pero la educación tradicional lo condiciona, destruye esa tendencia y la sociedad acaba por corromperlo. Mientras que el filósofo inglés Thomas Hobbes, nacido en 1588 en Inglaterra, creía que el ser humano es «malo por naturaleza». Para él, «el hombre nace malo» y la sociedad lo hace peor. Por eso, sostenía que es necesario un poder absoluto para controlar la agresividad y el egoísmo del ser humano. Conceptos muy opuestos, sostenidos por distintos razonamientos que nos ayudan a reflexionar. A fin de cuentas, el conocimiento de diferentes ideas sobre una misma pregunta nos hace cuestionarnos nuestra postura al respecto.

Veamos ahora lo que se ha investigado en los últimos años sobre la naturaleza del hombre, sobre esta pregunta ancestral, gracias a investigaciones científicas realizadas.

El neurocientífico Richard Davidson, nacido en 1951 en Brooklyn (Nueva York), es fundador y presidente del Centro de Investigación de Mentes Saludables de la Universidad de Wisconsin (EE. UU.). Es autor de varios libros, entre ellos *El poder curativo de la meditación*. Esta obra reúne aportaciones del Dalái Lama, el líder espiritual del budismo tibetano y del doctor Jon Kabat Zinn, profesor de medicina y creador de la técnica reducción de estrés basada en la atención plena (REBAP). El trabajo del doctor Davidson reside en el estudio de la emoción y el cerebro. Es conocido como uno de los mayores expertos en neurociencia contemplativa y es un defensor y practicante de la meditación. Además de colaborar en el Consejo de Salud Mental ofreciendo conferencias sobre bienestar humano. *Este neurocientífico sostiene que el entorno afectuoso en que puede verse arropado un niño ayudará a establecer su bondad, esa cualidad, esa tendencia innata, con la que venimos al mundo.*

Las investigaciones realizadas por el doctor Richard Davidson han demostrado que el bienestar puede ser entrenado, cultivado. Este neurocientífico se ha focalizado en el estudio de las emociones positivas como la compasión, la bondad. Sus investigaciones han evidenciado que las personas que tienen tendencia a ser generosas, bondadosas, activan áreas cerebrales que potencian el bienestar. Las investigaciones del Premio Nobel de Medicina en 1906 del español Santiago Ramón y Cajal ya habían demostrado que nuestro cerebro está en constante evolución y que es capaz de crear nuevas conexiones nerviosas durante toda la vida. De modo que nuestro entrenamiento mental es fundamental para un desarrollo pleno.

El encuentro con la pérdida

Recuerdo con nitidez mi primer contacto con la experiencia de la muerte de un ser querido. Una prima muy cercana de tan solo 22 años falleció al salir de una operación de corazón. Fue todo un drama familiar. Estábamos reunidos en la casa de nuestros abuelos esperando noticias sobre su estado de salud. Hasta que sonó el teléfono dándonos la trágica noticia de su muerte. Entonces empezaron los llantos de los miembros de la familia de una manera nunca vista para mí. Mi primera reacción fue intentar calmar esos llantos que venían de las diferentes estancias de la casa. En aquel entonces tenía yo 10 años de edad, y comencé a dar vasos de agua a cada uno de ellos, por lo que corría de la cocina al salón, a las habitaciones, al patio, para que cada uno de ellos bebiera agua y se tranquilizara, para intentar calmar su angustia. Me sentía asustada, angustiada y desbordada por la situación. Mi padre no estaba en aquel momento. Esa noche mi hermana y yo dormimos con mi padre. Mi madre no durmió en casa, pues se quedó con los abuelos acompañando a los que estaban allí. Recuerdo que yo no podía dormir, saltaba en la cama despertándome con pesadillas. Entonces mi padre nos explicó que la muerte era parte de la vida. Aún recuerdo lo que nos dijo en aquel momento: «La vida comienza y acaba, es verdad que Mirta era muy joven, pero ya no podemos hacer nada por ella. Debéis saber que, como dice el dicho, "nadie queda para semilla", que todos moriremos algún día y debemos "aceptar" esa idea, aunque no nos guste, aunque nos duela; intentad estar serenas, si queréis mañana podéis ir a su funeral». Yo no quise ir, me angustiaba todo ese cuadro, pero mi hermana sí asistió al entierro.

Ese acontecimiento en donde por primera vez en mi vida me enfrentaba a la pérdida de un ser querido, en donde por primera vez veía de cerca el dolor de algunos miembros de la familia que sufrían profundamente, y ese dolor los llevaba a no «aceptar» su muerte. El padre de mi prima seguía colocando en la mesa el plato vacío para ella, cuando íbamos a comer todos juntos. Me resultaba macabro ese acto, por lo que prefería no comer y me iba al jardín.

Con el paso del tiempo nos vamos despidiendo de personas, que perdemos por diferentes circunstancias o porque fallecen. Pérdidas que nos marcan, que nos causan sufrimientos si no aprendemos ese concepto del que nos habló mi padre, el de la «aceptación». Concepto que no se enseña, incluso hoy en día, en el ámbito educativo a los niños y que podemos llegar a conocer ya de adultos si tenemos curiosidad filosófica. No olvidemos que filosofía significa amor a la sabiduría, amor al saber, amor al conocimiento.

En nuestra evolución por la vida estas pérdidas se hacen más tolerables, el refranero popular nos dice que «el tiempo lo cura todo». La filosofía budista sostiene que «el dolor es inevitable, pero que el sufrimiento es opcional», porque el dolor es inherente a la vida: si nos hacemos daño, si nos damos un golpe, el dolor físico está ahí, se hace presente. Nuestro cuerpo acusa ese dolor porque se ve afectado, pero el sufrimiento depende de otra cosa, depende de la visión del foco de mi atención, no se trata de NO reconocer la fealdad, no se trata de NO ver lo negativo de una situación, sino de preguntarnos: «¿Podemos "cambiar" esta circunstancia, esta situación?», y si la respuesta es que no está en nuestras manos, debemos aprender a *aceptar esa situación,* ya que no depende de nosotros, no está bajo nuestro control. Mi padre nos dijo: «Debemos aprender a aceptar su muerte aunque no nos guste, aunque nos duela». Esa primera experiencia me abrió la puerta al sufrimiento por la pérdida. Más tarde fueron falleciendo otros miembros de la familia y, claro está, yo ya no era la misma, había crecido y era más consciente de que la vida comienza y acaba, de que nuestro paso por esta tierra es finito, que frente a la muerte somos impotentes y que debemos aprender a «aceptarlo».

Años más tarde a mi padre le diagnosticaron un cáncer de colon. Recuerdo cuando llegó a casa y dijo que debía ser operado. Se sometió a varias operaciones, hasta que luego de varias cirugías los médicos decidieron no seguir adelante, ya que su enfermedad estaba muy extendida. Su capacidad de resiliencia era sorprenderte (esa capacidad para salir adelante de situaciones muy complicadas y encontrar fuerzas para salir reforzado). A pesar de esta adversidad encontraba fuerzas para dar ánimos a mi madre y a nosotras. A mi madre le decía: «Serás una viuda guapa, cuida a las niñas, vigila sus estudios y sus amistades». Un día nos llamó a mi hermana y a mí y al pie de la cama nos dijo: «Debéis ser fuertes, a todos nos llegará la hora de nuestra muerte. Aunque a mí, me hubiese gustado vivir unos años más para acompañaros en vuestra adolescencia, una etapa que de por sí resulta a veces difícil de sobrellevar. Os pido que no llevéis luto por mi muerte, no dejéis de salir, ni de divertiros, pues la vida sigue para vosotras». Una gran entereza frente a su propia muerte. Difícil de conseguir. Pero nos dejaba una gran enseñanza frente a la adversidad. La mejor educación es el ejemplo, y este era un claro caso de «aceptación» que nos proponía mi padre, nada más ni nada menos que la aceptación de su propia muerte.

Fue la psiquiatra suiza-estadounidense Elisabeth Kübler Ross la que desarrolló las etapas del duelo en su libro *Sobre la muerte y el morir*, describiendo las emociones y pensamientos que se suceden en las diferentes etapas del duelo. Hablo de lo siguiente: negación, rabia, tristeza, depresión y aceptación. Estas etapas pueden presentarse en otro orden y cada persona pasa por estas emociones y alguna otra relacionada con la pérdida como la culpa entre otras. Y en caso de quedarnos anclados en la tristeza, puede comenzar un estado depresivo.

Pienso que la muerte, de la cual ningún ser vivo escapará de ella, tiene mala fama y no queremos saber mucho de ella. Pero debemos «aceptarla» como parte del ciclo de la vida y debemos hablar de ella con los amigos, familiares, en el ámbito educativo para que deje de ser un tema tabú. Escuchar los diferentes puntos de vista de filósofos, pensadores, psicólogos, puede mostrarnos otras perspectivas y sobre todo desafiarnos a nosotros mismos a aceptar este ciclo final de la vida, realizando un trabajo de arquitectura interior para modificar viejos esquemas mentales relacionados con la muerte, para cuestionarnos si hoy son válidos para nosotros.

Luego del fallecimiento de mi padre comenzó otra etapa, que tenía una atmósfera extraña, ya no estaba mi padre para nuestras conversaciones. En la vivencia de mi adolescencia surgieron muchas situaciones diferentes a las vividas anteriormente. Cuando no sabía cómo manejar una situación me imaginaba dialogando con él, me preguntaba qué me hubiese respondido ante esa situación. Ese diálogo imaginario, apoyado en anteriores reflexiones o conversaciones que había tenido con él, me servía de guía. Algunos psicólogos afirman que, cuando uno de los padres muere, se abren nuevas vetas de crecimiento y lo más sabio es aprovecharlas.

Cuando leí esta afirmación pensé: mi padre, con su temprana muerte, me había dejado valiosas enseñanzas de las que yo debía servirme para desarrollarme como persona. Una de estas enseñanzas apuntaba al esfuerzo, ese esfuerzo que resulta primordial, para alcanzar cualquier objetivo que nos propongamos, como cuando preparé la clase magistral sobre el mundo griego donde evaluamos cuál era el objetivo por lograr, qué herramientas tenía para desarrollar esa ponencia y cuál era la meta que quería alcanzar. En el transcurso del proceso del duelo venían a mi memoria sus palabras y siempre venían palabras de aliento y de fuerza para afrontar la adversidad que me tocará vivir. Su ausencia me había dejado unos valores aprendidos que me habían hecho feliz en varios momentos de mi vida, porque esos valores me ayudaron a expandirme como persona y a acercarme a una vida plena. Seguí siendo curiosa y haciéndome preguntas. La lectura, la filosofía y más tarde la carrera de psicología me iban respondiendo algunas de esas preguntas.

La mejor respuesta

Cuando el contacto con los demás nos presenta cuestionamientos personales, es esencial que nuestros valores estén bien arraigados. Ya he descrito anteriormente algunos de los valores humanos. ¿Y cuáles son esos valores? Creo que son aquellas actitudes, conductas o respuestas que nos hacen mejores personas. Lo que nos permite erguirnos frente a las adversidades buscando la mejor respuesta, para ello desde nuestro interior deben resonar valores que nos permitan solucionar y avanzar. Esta entereza, esta resiliencia no nos viene dada, sino que nosotros debemos trabajarla, cuidarla, atenderla, cultivarla durante toda nuestra existencia.

Nosotros percibimos el mundo a través de nuestros sentidos como hemos visto anteriormente y esta percepción origina en nosotros emociones. Recordemos que emoción viene del latín *emovere*, que significa mover, agitar, mover hacia, mover a la acción. Estas emociones llevan a pensamientos. Y aquí tenemos que reflexionar qué son las emociones, porque es importante tener una buena gestión emocional. Una razón de peso en la gestión de nuestro mundo emocional es saber que nuestras emociones influyen en nuestras decisiones. Decisiones que pueden aportarnos bienestar o malestar, estar conscientes, atentos a lo que estamos experimentando, a lo que estamos sintiendo en el momento presente, es la piedra angular de la inteligencia emocional.

Hace solo unas décadas que las emociones han dado un salto cuantitativo y cualitativo en las investigaciones científicas. Son estudiadas en las universidades, en los centros de investigación más prestigiosos del mundo. Los resultados de estos estudios muestran cómo funcionamos a nivel mental y qué correlación tienen las emociones con nuestro cuerpo. Hoy se puede localizar qué área del cerebro se activa cuando sentimos determinada emoción y qué parte de nuestro cuerpo se ve afectada por esa emoción. Qué hormonas son liberadas en la sangre cuando se dispara alguna emoción como, por ejemplo, el miedo. Cuando sentimos miedo se activan los mecanismos de supervivencia, esto supone la liberación de determinadas hormonas, entre ellas la adrenalina, el cortisol, que pueden ser útiles en determinados momentos frente a una amenaza real, como, por ejemplo, si nos vemos atacados por un animal, una persona o atravesamos una situación traumática. Pero pasa a ser disfuncional cuando ese mecanismo de supervivencia es activado por un proceso mental y no por una amenaza real. Para poder diferenciarlos es necesario que estemos entrenados, preparados, conscientes de lo que vamos experimentando en el momento presente, con el gran apoyo de una atención bien entrenada.

Existen diferentes métodos, técnicas, terapias que pueden ayudarnos a alcanzar el ansiado bienestar. Las adversidades de la vida, los desafíos cotidianos son experiencias que viviremos hasta el momento de nuestra muerte. Teniendo en cuenta esta idea y sabiendo cuáles son las reglas del juego, ¿qué podemos hacer para que nuestro paso por la vida sea lo más armónico posible?

Desde hace unos años con un grupo de terapeutas, hemos organizado jornadas para el bienestar humano en Vilanova i la Geltrú (Barcelona), unas jornadas anuales sobre el bienestar para ponerlo al alcance del gran público, para dar a conocer qué herramientas pueden ayudarnos y cómo entrenarnos mentalmente. Es una manera de mostrar que podemos vivir de otra manera, que podemos llevar las riendas de nuestro estado de ánimo, si trabajamos en ello. Es dar la llave hacia otra manera de vivir, aprender a tener otras perspectivas de nuestra existencia, acompañado de evidencia científica y con voluntad para emprender este camino.

No se trata solo de un aprendizaje académico, sino que el acceso a estos conocimientos nos permitirá alcanzar una vida plena a pesar de los sinsabores que se presenten en nuestro devenir. Conocer, explorar para que seamos capaces de estar al mando de nuestro mundo emocional. Estar al mando significa tomar decisiones y hacernos responsables de sus consecuencias; si nuestras decisiones han sido sopesadas basándose en nuestros valores, tendremos más posibilidades de dar respuestas adecuadas si fracasamos; si comentemos errores, también debemos aceptarlos y aprender de esos errores. Esto es tan antiguo como los cuentos infantiles en los que al final del relato hay una moraleja, una lección, una enseñanza. En donde al final del relato vemos la lección a la que se han enfrentado los personajes. En el cuento «La zorra y las uvas», cuento atribuido a Esopo y relatado por el escritor francés Jean de la Fontaine, la moraleja que nos deja es que si bien es normal que nos disguste el no poder alcanzar aquello que queremos, a pesar de ello, debemos trabajar duro para lograr nuestros objetivos, en vez de engañarnos a nosotros mismos, diciéndonos que no vale la pena intentarlo. Porque si no hacemos un trabajo de autoconocimiento, si no nos conocemos realmente, vamos por la vida *reaccionando* a lo que vamos experimentando, viviendo de forma improvisada, como dormidos; por eso algunas escuelas filosóficas hablan de «despertar», ese despertar de la consciencia, de nuestra propia consciencia.

Gracias a las nuevas tecnologías, gracias a diferentes investigaciones, hoy podemos afirmar que según la actitud que presentemos ante determinadas situaciones, podemos activar o desactivar mecanismos de supervivencia.

Un entrenamiento físico, mental y espiritual

Con alegría esperábamos el regreso diario de mi padre de su trabajo, quien aparecía con un regalo para nosotras, casi a diario. Un día llegó con una serie de juegos de ingenio, estos juegos nos permitían desarrollar la memoria, la percepción a través del juego. Algunos de ellos tenían un toque de magia hasta que comprendíamos la razón de esa percepción. Cómo se puede engañar al cerebro, o cómo el cerebro nos engaña. Estos juegos nos permitían desarrollar nuestra creatividad, entrenar la capacidad verbal, ya que había trabalenguas, cuentos, adivinanzas, problemas de lógica que favorecían la comprensión del pensamiento matemático. Y lo más importante era que jugábamos juntos y descubríamos cosas que eran curiosas y nuevas para nosotras, compartiendo con mi padre esta actividad lúdica. De estos ejercicios se derivaban también otros temas. Una de las actividades que llegó a nuestras manos nos hablaba de la vida de un deportista que, a pesar de tener que afrontar una serie de dificultades, se entrenaba duramente para alcanzar su objetivo y aquí se ponían en juego una serie de capacidades, de destrezas, que se señalaban como herramientas importantes para alcanzar la meta, esas capacidades humanas se adentraban en el terreno mental y espiritual.

¿Pero qué es un entrenamiento mental y espiritual? Estamos acostumbrados a ver y a realizar entrenamientos físicos, pero... ¿un entrenamiento mental? ¿Un entrenamiento espiritual? ¿Acaso no nos entrenamos para aprender un idioma, utilizando nuestra memoria, nuestra atención intentado que nuestras capacidades cognitivas estén en forma? Pues también existe una variada serie de técnicas que pueden entrenar nuestras capacidades.

El psicólogo y escritor estadounidense Martin Seligman, presidente en 1996 de APA, la Asociación Estadounidense de Psicología, fue uno de los investigadores que se alejó de la tradicional postura de la psicología tradicional en la que las teorías y los estudios se centraban en las patologías y enfermedades mentales para focalizarse en el estudio científico de las experiencias positivas vividas por el individuo. Enfocándose en aquellos aspectos que originan en el ser humano bienestar y felicidad. Por primera vez, se lleva la mirada a estos aspectos, desde el punto de vista de la ciencia. Es considerado el padre de la psicología positiva, al afirmar que la felicidad puede aprenderse y entrenarse. Basándose en estudios de máxima solidez científica, este psicólogo sostiene que la felicidad puede entrenarse potenciando nuestras fortalezas, nuestras capacidades. En uno de sus libros más conocidos titulado *La autentica felicidad* pone el foco de atención en el bienestar psicológico desarrollando diversas capacidades humanas. En una de sus frases este autor sostiene: «Los hábitos de pensamiento no tienen por qué persistir para siempre. Uno de los hallazgos más significativos de la psicología en los últimos veinte años es que los individuos eligen su forma de pensar».

Lo que nos generan angustia, ansiedad, malestar es esa rumiación constante que se repite una y otra vez sobre una idea, donde se encadenan una serie de pensamientos negativos, repetitivos, que nos generan un gran malestar que está presente durante el día y la noche y que puede ser causa de un mal descanso nocturno. ¿Cómo podemos gestionar esto?

Algunas técnicas

Comentaré algunas técnicas que pueden ayudarnos a desarrollar capacidades humanas y sobre todo en la búsqueda del bienestar por nuestro paso en la vida, a pesar de las dificultades o momentos difíciles que tengamos que sobrellevar, sabiendo que entre estas técnicas podemos encontrar más afinidad en unas que en otras, pero siempre teniendo presente que será necesario entrenarnos de forma constante.

La visualización

«La imaginación es más importante que el conocimiento, puesto que el conocimiento es limitado, mientras que la imaginación circunda el mundo». Son palabras pronunciadas por el más famoso científico del siglo XX, Albert Einstein.

Esta herramienta que poseemos todos los seres humanos debemos emplearla en nuestra vida. Es más, seguramente la hemos utilizado en algún momento. ¿Y de qué se trata? Pongamos un ejemplo. Tengo que pasar un examen, y es importante para mí lograr aprobarlo.

Entonces, busquemos un lugar tranquilo donde podamos relajarnos, cerremos los ojos, respirando lentamente, concentrándonos en el ejercicio, escuchando nuestros sentimientos. Y nos proyectaremos al día del examen. Se trata de prepararme mentalmente para ese momento, y me serviré de mis sentidos, vista, oído, tacto, olfato, gusto para transportarme a la situación y visualizo el día del examen poniendo atención a todos los detalles posibles. Como, por ejemplo, la sala donde rendiré el examen, la luz que habrá a esa hora del día, el olor que hay en ella, los ruidos de los alumnos al entrar a la sala, etc., y me visualizo tranquila, emocionalmente en armonía, segura y dando la buena respuesta a las preguntas que me formule el equipo de profesores, logrando la aprobación del examen. ¿Y para qué sirve esta preparación mental? Pues me predispone a un estado mental que me proporcionará mayor autoconfianza, más serenidad, una memoria más fresca para dar las respuestas a las preguntas del examen. Es decir, predispongo mi estado mental para ayudarme y no para anularme. Esto, sumado a una buena preparación para el examen, me predispone a lograr mi objetivo.

No se trata de algo mágico que por el solo hecho de visualizarlo sucederá, debe ser acompañado por un trabajo sólido en el estudio de la materia por aprobar. Pero la visualización acompañará y nos sostendrá evitando que «los nervios» por la situación nos jueguen una mala pasada. Por lo que entrenarnos en la visualización nos predispone a alcanzar la meta. En investigaciones científicas han demostrado su validez. Ya que el cerebro interpreta igual lo imaginario que lo real. Se han realizado estudios con voluntarios donde se ha podido medir la frecuencia cardíaca, la tensión muscular, el tamaño de la pupila, la actividad gastrointestinal ante la visualización de imágenes relajantes o estresantes. De modo que todo nuestro organismo responde de una manera u otra ante la proyección de estas imágenes. Esta técnica es utilizada en el tratamiento de desarrollo personal y en fobias por psicólogos expertos que sirven de guía en su aplicación. En el tratamiento de las fobias esta técnica sirve como herramienta para imaginar una situación que resulta perturbadora e ir trabajándola para que la persona que la padece pueda ir modificando su actitud frente a los elementos que desencadenan la fobia. Esta modificación en la percepción va creando recursos para cuando se presenten los síntomas.

Así como el EMDR permite al cerebro desbloquear y reprocesar la información que quedó atascada en la situación original, la visualización puede acompañar en el proceso, dirigiendo la atención hacia la imagen, los pensamientos, las emociones que simbolizan el evento, permitiendo modificar la percepción de la situación vivida.

Encuentro fascinante los progresos que la ciencia sigue realizando en el terreno del conocimiento físico y mental, dándonos a conocer los entresijos de nuestras percepciones, nuestras reacciones físicas y mentales para que contemos con ese conocimiento a la hora de vivir situaciones diarias que puedan resultarnos difíciles de gestionar.

Otra técnica de peso es expresarse a través del arte, utilizando la creación artística para promover el bienestar. He realizado en la Universidad de Barcelona una formación en esta disciplina, que he podido aplicar en diversos talleres, con muy buenos resultados. De la mano de la creatividad llevada en el contexto de una relación terapéutica, ofrece la oportunidad de resolver problemas psicológicos y educativos. El arteterapia tiene la ventaja de liberar más rápidamente el material inconsciente, por lo que acelera el proceso terapéutico. Puesto que el paciente comienza a expresar a través de las artes plásticas lo que no se anima a decir con el lenguaje, pudiendo ayudar a resolver heridas emocionales del pasado. En el Hospital Niño Jesús de Madrid, desde hace una década, se realizan talleres de arteterapia para niños que van a estar una estancia más o menos larga en el hospital, también se realizan estos talleres con el personal sanitario, ya que esta herramienta ayuda a contactar con las emociones, a fortalecer vínculos y fomentar la salud mental.

En el terreno de lo que podemos denominar el viaje interior, entendiendo como ese recorrido que podemos realizar hacia nosotros mismos, podemos hablar del *mindfulness*, o consciencia plena, ese tipo de meditación que practico desde hace años, y que considero muy potente, la describiré detalladamente más adelante.

Escritura terapéutica. Se han realizado estudios en los que se ha podido mostrar que escribir con papel y lápiz sobre nosotros mismos, sobre nuestro mundo emocional de una manera privada, es decir, no de cara al público, tiene un efecto terapéutico. Pues ayuda a procesar emociones, sentimientos, además de saber que puedes expresarte sin sentir que serás evaluado o juzgado por otra persona. Simplemente se trata de un diálogo interno consigo mismo y esta honestidad que te permites desvelará ideas, creencias inconscientes que tenderán a hacerse conscientes en la medida que tú te expreses sin reparo.

Sabiendo que te expresarás con total libertad y sin juicios, al escribir en forma manual nuestros estados de ánimo podemos obtener mucha información, a través del tipo de escritura que utilicemos. El trazo de las letras, el tamaño, la dirección en la que escribamos, todos estos factores son estudiados minuciosamente en el mundo de la grafología. Es una manera íntima de conectar consigo mismo. Podemos utilizar diferentes técnicas como escribirnos una carta a nosotros mismos, relatando nuestras necesidades, lo que nos gustaría, lo que creemos sobre una persona o una situación, cómo estamos viviendo el presente. ¿Estamos disfrutando del tiempo presente? Aunque nos parezca en un principio que no tienen sentido estos escritos, es importante seguir escribiendo y sentir que poco a poco vamos conociendo diferentes aspectos que permanecían dormidos o desconocidos para nosotros.

Esta herramienta nos permitirá entrar en nuestro mundo interior, nos permitirá tener un mayor grado de equilibrio y un mayor autoconocimiento. Algunos estudios demostraron que utilizar esta técnica reduce notablemente el estrés y la ansiedad. Solo por eso, vale la pena ponerla en práctica.

Las capacidades personales cuanto más se ejercitan, más se perfeccionan. Martin Seligman y Chris Peterson desarrollaron un lista de virtudes humanas. Recordemos que un valor humano lo podríamos definir como aquello que nos hace mejores como personas y cuando esos valores se instalan en nuestra cotidianidad se denominan virtudes. Estos dos psicólogos elaboraron una lista de estas virtudes, de fortalezas humanas, que se pueden fomentar, aprender y mejorar.

Buscaron en sus investigaciones virtudes humanas de carácter universal, es decir, que estén comprendidas en el saber filosófico ancestral (Platón, Aristóteles, grandes religiones), y también fruto de estas investigaciones distinguieron 6 virtudes básicas, identificando 24 fortalezas.

Lo llamaron *Test Via,* que permite identificar 24 fortalezas humanas que se agrupan en 6 categorías:

1. La sabiduría: Comprende el *amor por el aprendizaje,* con un ingrediente de *curiosidad* indispensable para empezar a indagar sobre la realidad que percibimos. El desarrollo de la *inteligencia emocional,* que es la que nos permite generar, entre otras cosas, una *perspectiva* más amplia de la realidad, para tener acceso a respuestas y a soluciones funcionales.

2. El coraje. Debe entrenarse la *perseverancia* en pro del objetivo por alcanzar. La *integridad,* entendida como la conducta de una persona que está regida por sus principios, es decir, de acuerdo con las ideas que siempre ha manifestado como suyas, que incluye valores como la lealtad, la disciplina, la responsabilidad.

3. La humanidad, donde está presente la *amabilidad* y el *amor* en todas sus manifestaciones.

4. La justicia, haciendo referencia a los derechos y obligaciones de un individuo en relación con la sociedad en donde vive.

La *equidad,* el ser imparcial en el trato a una persona, actuando con objetividad. El *liderazgo,* ese desarrollo de habilidades directrices, para influir o motivar a un grupo de personas para llegar a determinadas metas.

5.La **templanza.** Esta cualidad humana hace referencia a la *prudencia,* al autocontrol y al concepto de *humildad* entendido como un valor humano por el que la persona humilde no se siente ni inferior ni superior a nadie, estando predispuesta al aprendizaje, sin renunciar a la dignidad propia ni a la de los demás.

6.La **trascendencia.** Este concepto tiene que ver con lo que está más allá de lo perceptible, como un sentido de pertenencia a algo más amplio. También incluyen dentro de la trascendencia la apreciación de la *belleza* y la *excelencia,* la *gratitud,* la *esperanza,* la *espiritualidad,* el *perdón,* el *humor* y el *entusiasmo.*

La psicología positiva busca dar a conocer estrategias para lidiar con emociones disfuncionales principalmente de la ansiedad y de la depresión para tener herramientas para afrontarlas. Es importante que una ciencia relativamente reciente se enfoque en encontrar estrategias y no solamente en descripciones pertenecientes al malestar mental. Este enfoque psicológico estudia científicamente cómo fortalecer el optimismo, la motivación, el sentido del humor, entre otras cosas, para potenciar una actitud positiva.

Como ya hemos dicho, el optimismo no es negar los retos o desafíos que se presentan en nuestra vida, sino enfrentándonos a ellos, desde la búsqueda de soluciones, sabiendo que la adversidad es parte de la vida y debemos enfrentarnos a ella de la manera más sabia posible. Pero... ¿cómo nos podemos entrenar en el optimismo? Diferentes autores nos dejan recomendaciones para desarrollar el optimismo. No se trata de buscar una visión optimista solo porque suene más bonito, sino que el optimismo es una disposición del espíritu que nos ayudará a construir nuestra resiliencia, nuestra entereza frente a las adversidades. Es un elemento que agrega fuerza a nuestra mente.

Las recomendaciones enumeradas por diversos autores son:

Aceptar la realidad. Cuando tomamos consciencia de que hay hechos que escapan a nuestro control, la actitud más sabia es aceptarlo, aunque no nos guste.

Analizar las situaciones desde una óptica positiva, es decir, buscando cómo podemos servirnos de la situación presente, para poder ofrecer la mejor respuesta que nos aporte bienestar. Tener una actitud humilde, aprendiendo de nuestros errores, no para criticarnos a nosotros mismos, sino para aprender a no volver a cometer el mismo error. Entonces, con una actitud de ensayo y error acercarnos a nuestra mejor versión.

Practicar la gratitud. Esta postura en la que aprendemos a darnos cuenta de lo que tenemos, esta actitud de enfocarnos en lo que tenemos y no en lo que nos falta, nos permite darnos cuenta del patrón de pensamientos que predomina en nuestra mente. Además, reconocer las cosas positivas que están presentes en nuestra vida diaria nos hace valorar esos aspectos y también nuestra perspectiva frente a las situaciones vividas se hace más equilibrada. ¿Cómo puede ayudarnos cultivar el sentido del humor?

Hoy sabemos los efectos físicos que produce la risa. Lo he podido constatar en talleres de risoterapia que he realizado con otros profesionales de la salud. Porque cada carcajada pone en marcha 400 músculos. Despeja la nariz, fortalece el corazón, elimina el estrés. El diafragma origina un masaje interno y facilita la digestión. Refuerza el sistema inmunológico. Favorece la producción de endorfinas, de serotonina, que resultan ser unos potentes estimulantes naturales que facilitan un buen estado de ánimo. Algunos autores sostienen que el sentido del humor es un mecanismo de supervivencia, que permite la comunicación y actúa directamente en el bienestar de la persona. Como señala la expresión popular «Quitarle hierro al asunto» como para quitarle importancia, gravedad a la situación. También lograr reírse de sí mismo, ayuda a no caer en el tremendismo.

Este conocimiento terapéutico sobre el sentido del humor ya fue conocido tiempos atrás. El doctor vienés Sigmund Freud, el padre del psicoanálisis, afirmaba que las carcajadas tenían el poder de liberar energía negativa del organismo. El sentido del humor y la risa tiene su espacio en diferentes culturas desde tiempos remotos. En la antigua China existían templos donde las personas se reunían para reír, con la finalidad de crear un equilibrio en la salud, donde se recomendaba reír unas 30 veces al día para mantenerse saludable. No olvidemos que en culturas antiguas ya existía la figura del «doctor payaso» o «payaso sagrado», que se presentaba maquillado y que inspiraba la risa, con el objetivo de ayudar a sanar. Y desde 1998 se celebra, el primer domingo de mayo, el Día Mundial de la Risa. El doctor Madán Kataria, fundador del movimiento Yoga de la Risa, tuvo la iniciativa de crear este día para promover la risa y contribuir a la paz mundial.

Debemos nombrar a un médico estadounidense que cura a los enfermos bajo una óptica integradora. Su nombre es Hunter Doherty. El doctor Hunter Doherty, médico, activista social, escritor, nacido en 1945, fundó el Instituto Gesundheit (que significa *salud* en alemán) en 1972. Este instituto fue concebido como un *hospital gratuito para todos,* en Virginia, EE. UU. Este hospital funcionó durante 12 años, luego se cerró. La línea de este hospital era integrar la medicina tradicional con otras terapias alternativas, es decir, de una manera holística. Dando cabida a los valores humanos como la bondad, el amor, la compasión y el valor de la sonrisa como elementos importantes en la curación de los enfermos.

Fue Robin Williams el actor que protagonizó la película *Pach Adam*, inspirada en la vida del doctor Hunter Doherty. En el periódico *Washington Post* se escribieron artículos sobre su labor en la medicina, que recorrieron todo el país. El doctor fue entrevistado por varias televisiones estadounidenses. Al doctor Hunter Doherty no le gustó la mirada sobre su persona que resalta la película, donde se remarcaba su postura de payaso, obviando la dedicación que daba a sus pacientes, entre 3 o 4 horas, rebelándose a lo establecido por las instituciones, que pedían dedicar aproximadamente unos 7 minutos por paciente. El doctor Doherty buscaba curar y entender a sus pacientes y evidentemente esos minutos preestablecidos no eran suficientes para su objetivo.

A pesar de que la película recaudó 2000 millones de dólares y de que Hollywood le había prometido que los ayudaría a construir el hospital, no recibió ningún aporte económico para ello. Es entonces cuando, buscando una solución para la construcción de su hospital, comenzó a realizar giras internacionales, realizando conferencias. El dinero recaudado se destina al instituto Gesundheit, pudiendo realizar entre 7 y 9 viajes al año durante 25 años, por diferentes países, con un grupo de voluntarios que le acompañaban vestidos y maquillados de payasos, yendo a visitar enfermos a hospitales, a niños en orfanatos. Es decir, este médico decidió incluir medios alternativos en la sanación de sus enfermos. Se le atribuye el papel del padre de la risoterapia. Esta técnica se aplica hoy en en empresas y diferentes ámbitos de la salud en el mundo entero.

Creo que este noble e idealista médico señaló la importancia de la relación médico-paciente como un ingrediente fundamental en la sanación de las personas. El doctor Doherty sostiene: «Lo más curativo es el amor, el humor y la creatividad». Desde abril del año 2015, este médico singular forma parte del Green Shadow Cabinet de los Estados Unidos como Secretario de Salud para la Salud Holística.

Se han publicado diversos estudios que han demostrado la influencia de la risa en nuestro sistema muscular, en nuestro sistema endocrino, en el pulmonar, en nuestro sistema inmunológico. La risa provoca un aumento en la producción de endorfinas que puede ayudar a controlar el dolor, también hay un aumento de dopamina, que nos facilita la agilidad mental y produce un bienestar psicológico, provoca la disminución de colesterol, que está relacionado con enfermedades coronarias. En definitiva, la risa actuaría como una vitamina que nos ayuda en todo momento y en especial cuando padecemos alguna enfermedad. Entonces, ¿cómo no servirse de esta vitamina gratuita y sin contraindicaciones? Solo es necesario saber qué produce la risa en nosotros y luego, si queremos «ayudarnos» a sobrellevar mejor los momentos difíciles, debemos servirnos de ella.

Las investigaciones sobre cuerpo y mente

Creo que el conocimiento, no me refiero solo al conocimiento académico, sino también al conocimiento humano, en un sentido más holístico, más amplio, en el que se incluyen varias facetas cuerpo-mente-espíritu, es absolutamente necesario en el transcurso de nuestra vida, pues nos hace los hacedores de nuestro devenir, dejamos de sentirnos víctimas, para comprendernos.

En la antigua Grecia existieron pensadores, corrientes filosóficas que enseñaban el autocontrol, el desarrollo de la tolerancia, de la serenidad, de las fortalezas para hacer frente a las emociones aflictivas, como la escuela estoica fundada por Zenón de Citio en el 301 a. C. Sus principios fueron secundados por conocidos referentes como Séneca, Marco Aurelio o Epicteto. Epicteto afirmaba: «No nos afecta lo que nos sucede, sino lo que nos decimos acerca de lo que nos sucede». Si buceamos en la literatura, en los avances científicos, sobre todo en los últimos años de nuestra historia, encontramos razones de peso para empezar a despertar. Al hacernos conscientes, conocedores de nuestras capacidades humanas, seremos más dueños de nuestro bienestar físico y emocional. ¿Qué nos dicen maestros espirituales, qué nos dice la comunidad científica, sobre el funcionamiento del ser humano? ¿Qué aportaciones ha hecho en este campo la neurociencia?

La neurociencia es una ciencia interdisciplinaria, que mantiene vínculos con la medicina, con la química, con la psicología, con la física. Como un conjunto integrado de ciencias, que buscan comprender, el funcionamiento del cerebro, el comportamiento de las neuronas, el comportamiento de las diferentes partes de nuestro cuerpo, las conductas humanas de un punto de vista integral.

Ahora bien, estamos empezando a conocer cada vez un poco más cómo funcionamos a nivel interno. Se han hecho investigaciones y se siguen realizando estudios, sobre nuestro funcionamiento interno, sobre nuestras emociones, sobre nuestras conductas. Estos estudios nos aproximan al conocimiento integral de nosotros mismos, son pequeños pasos para confeccionar un manual de instrucciones que poco a poco nos va dando a conocer la ciencia, porque se sabe que *tenemos la capacidad de transformar nuestras propias emociones* y este conocimiento es algo relativamente reciente, si bien antaño se suponía, hoy se ha demostrado. Cada uno de nosotros afectamos a los demás, con nuestra presencia, con nuestra manera de ser y de estar, se producen sincronizaciones a nivel mental y físico si estamos deprimidos, asustados, se percibe, o si nos sentimos con ilusión, con esperanza, esto también se percibe y predispone al otro. Y esto se ha podido comprobar en estudios midiendo las hormonas que se segregan en diferentes estados emocionales. Los hemisferios cerebrales, de los que hablamos anteriormente, también se sincronizan entre sí.

En el instituto Heartmath de California, se realizaron diversas investigaciones relativas al corazón humano, descubrieron que nuestro corazón es el campo electromagnético más grande del cuerpo, que se extiende mas allá del cuerpo humano. Es «cinco mil veces» más intenso que el del cerebro. Este campo electromagnético varía en función de las emociones. Recordemos que se entiende por campo electromagnético a la combinación de ondas eléctricas y de ondas magnéticas producidas por el movimiento de sus cargas eléctricas que se desplazan a la velocidad de la luz y y que pueden viajar por el vacío.

Cuando sentimos miedo, frustración o estrés, estas emociones influyen alterando este campo, que se extiende más allá del cuerpo físico, entre dos y cuatro metros, de modo que esa información energética es trasmitida a nuestro entorno. Las investigaciones de este —Instituto Heartmath— sostienen que el «cerebro» del corazón está dotado de inteligencia para gestionar emociones positivas como la compasión, el amor, que experimenta el ser humano, generando lo que se conoce como «coherencia cardíaca», que es cuando el sistema linfático, circulatorio y nervioso están en sincronía. El Dr. J. Andrew Armour, neurocardiólogo de la Universidad de Montreal, introdujo el termino «cerebro del corazón» en 1991.

Hablemos ahora de una de las autoras más importantes sobre el crecimiento interior y la espiritualidad.

La matemática francesa Annie Marquier lleva años investigando la relación entre corazón y cerebro. La doctora Marquier cree que el ser humano tiene un potencial extraordinario de conciencia, sabiduría y amor. Fundó en Quebec el Instituto para el Desarrollo de la Persona, autora de *El poder de elegir*, entre otros libros. Sostiene que el corazón, que está conectado con el cerebro, puede tomar decisiones y pasar a la acción independientemente del cerebro. Puede inhibir o activar determinadas regiones cerebrales según las circunstancias, siendo el único órgano del cuerpo con esta capacidad.

Resulta fascinante que el corazón pueda influir en la percepción de nuestra realidad. Se sabe que la frecuencia cardíaca es armoniosa cuando una persona tiene pensamientos generosos, positivos, con ondas amplias y regulares y estas ondas se vuelven distorsionadas cuando se viven emociones aflictivas. La autora sostiene que está demostrado que, cuando el ser humano sincroniza cerebro y corazón, todo se armoniza, hay coherencia biológica, cuando se cultiva la empatía, cuando se cultiva la generosidad, la paciencia y la capacidad de escucha.

¿Cómo podemos empezar a andar por este camino? Annie Marquier sostiene que debemos tomar la posición de testigos, observando nuestros pensamientos y emociones sin juzgarlas y poniendo el foco en las emociones que nos hacen sentir bien. Nos señala que es beneficioso confiar en nuestra intuición. Haciendo un trabajo de autoconocimiento, para darnos cuenta de que el origen de nuestras reacciones emocionales no está en el exterior, sino en nuestro interior. Meditando, cultivando el silencio, viviendo con sencillez apreciando lo que tenemos. Y nos invita a preguntar a nuestro corazón cuando no se sepa qué hacer.

Además de la conexión existente entre cerebro y corazón, no debemos olvidar el llamado «segundo cerebro», el aparato digestivo, que ya hemos mencionado. Conocido como sistema nervioso entérico, se encarga de contraer y relajar los músculos que facilitan la digestión de los alimentos.

Pero esta no es su única tarea, esta red nerviosa alberga cien millones de neuronas, y puede detectar virus, bacterias y estimular procesos. También, como ocurre con el corazón, trasmite información desde y hacia el cerebro. Se sabe que el 90 % de la serotonina se produce en el intestino a través de un aminoácido llamado triptófano que se obtiene a través de los alimentos. Este neurotransmisor tiene la función de regular el sueño, el estado de ánimo, la temperatura corporal, el ritmo cardíaco. Cuando el nivel de este neurotransmisor no está equilibrado, puede causar ansiedad, e incluso depresión, o incidir en el estado de ánimo, ocasionar mal humor, trastornos en la memoria y en la concentración.

También debemos mencionar a un referente mundial, que ha realizado investigaciones en el campo del bienestar relacionando mente y cuerpo, es el doctor en Biología Jon Kabat-Zinn, autor del *best-seller Vivir con plenitud las crisis*. Fue el primer director de la clínica de reducción del estrés, estudiando el poder del *mindfulness*, o técnica de la atención plena, en relación con el sistema inmunológico, nuestro sistema de defensa que nos protege de virus, bacterias y tumores. El trabajo realizado en la Clínica de Reducción del Estrés fue mostrado en el documental *La curación y la mente*, desarrollando desde 1979 ensayos científicos para probar los efectos de la técnica REBAP (reducción del estrés basada en la atención plena) en reclusos, en ambientes socioculturales desfavorables, orientados en aliviar el dolor y mejorar el bienestar físico y emocional.

Un estudio realizado en la Universidad de Toronto, donde recurrieron a las imágenes de una resonancia magnética funcional, para examinar la capacidad de las personas para acceder a las representaciones interoceptivas, comparando a un grupo que había recibido entrenamiento en *mindfulness* con otro grupo que nunca había practicado esta técnica. Pudieron constatar que en las personas que practicaban *mindfulness* algunas áreas de su cerebro, entre ellas la ínsula, vinculada con los estados viscerales emocionales, la corteza prefrontal dorsomedial, relacionada con la conciencia de sí mismo, se reorganizan para permitir la conjugación de las experiencias sensoriales del entorno con las experiencias sensoriales internas. Se ha podido demostrar que la práctica del *mindfulness* facilita la sincronización de ambos hemisferios, pues se comunican mejor. Ambos hemisferios están diseñados para colaborar. En el proceso meditativo la mente empieza a calmarse de forma natural, acompañando de un sentimiento de serenidad a pesar de las dificultades que estemos viviendo, y esta serenidad disminuye el ruido mental que normalmente padecemos y empieza a haber un espacio para las respuestas que necesitamos en nuestra cotidianidad. El *mindfulness* o atención plena también tiene ya su espacio en el mundo empresarial, es utilizada en importantes empresas en Silicon Valley, y también en hospitales de prestigio de todo el mundo donde esta práctica es una herramienta de peso.

El mindfulness y la neurociencia

Una figura de renombre en el campo de la neurociencia es el doctor Richard Davidson, quien lleva años investigando el efecto de la meditación en el cerebro, es fundador y director del Centro Nacional de Salud Mental de la Universidad de Wisconsin (Madison).

Ha obtenido varios premios por su labor científica e innovadora. Este investigador de la neurociencia afectiva coincide con los propósitos de la meditación. Asegura que la ansiada felicidad se puede aprender gracias a la neuroplasticidad cerebral. Recordemos que la neuroplasticidad es esa capacidad que tiene el cerebro para cambiar, para recuperarse, para adaptarse a nuevas experiencias, a través de una nueva reorganización que conlleva nuevas conductas. Este proceso está presente durante toda la vida del ser humano y podemos servirnos de él para aprender a ser felices. Richard Davidson ha realizado investigaciones con Matthieu Ricard, de origen francés, monje budista, experimentado meditador y doctorado en Biología Molecular. Este biólogo, tras finalizar su tesis doctoral sobre genética celular, se hizo monje budista. Trabajó en el Instituto Pasteur de París con el prestigioso biólogo y médico Francois Jacob, Premio Nobel de Medicina en 1965. Matthieu Ricard se ha dedicado al estudio del budismo, así como a las enseñanzas de los grandes maestros espirituales tibetanos, es también colaborador e intérprete del dalái lama, el líder espiritual del budismo tibetano. Ha publicado varios libros, entre ellos *El Monje y el Filósofo*, un conocido *best-seller*. Además de participar en varios estudios e investigaciones con reputados científicos, colabora con varias instituciones para el desarrollo del entrenamiento mental.

En la Universidad de Wisconsin (EE. UU.), en el laboratorio de neurociencia del doctor Davidson se realizó un estudio con cientos de voluntarios y con Matthieu Ricard para estudiar el comportamiento de nuestros cerebros ante diferentes emociones. Les colocaron en el cráneo de los voluntarios 256 sensores para detectar el nivel de estrés, para medir lo que ocurre al experimentar diferentes emociones como el enfado, la alegría y para medir sus niveles de felicidad con resonancias magnéticas. Luego se realizaron las mediciones. Con los resultados obtenidos comprobaron que el cerebro de Matthieu Ricard mostraba una mayor actividad en la corteza cerebral prefrontal izquierda, sede anatómica de las emociones positivas. La escala de medición de este estudio iba de 0,3 (muy infeliz) hasta el -0,3 (muy feliz). Ricard Matthieu superó la expectativa del estudio alcanzando una medición de -0,45, mientras que los niveles registrados por los demás voluntarios se situaban entre 0,3 (muy infeliz) y -0,3 (muy feliz). Estos resultados fueron publicados en el año 2004, lo que le valió la calificación del hombre más feliz del mundo por la prensa.

Estas diferencias en los resultados con otros voluntarios sugieren que la práctica de la meditación de forma continua puede causar cambios en el cerebro. Al reducir paulatinamente la presencia de los pensamientos y emociones negativas con un estricto entrenamiento para que dejen de causar sufrimiento innecesario, ya que estos pensamientos se comienzan a ver desde otra perspectiva. Lo que llevó a la conclusión de que las personas que practican la meditación realizan un cambio en sus circuitos cerebrales, lo que les permite adquirir una nueva perspectiva de la realidad. Por tanto, el *mindfulness* no es simplemente una técnica para amplificar y concienciar sobre lo que ocurre en nuestro cuerpo, sino que también nos permite «domar» la mente, de manera que no reaccione de manera exagerada ante esas sensaciones. En otras palabras: nos ayuda a conectarnos con nuestro cuerpo desde la ecuanimidad y a integrar las experiencias externas con las internas.

El acto de meditar se establece como un hábito, como cuando éramos pequeños y adquirimos el hábito de cepillarnos los dientes, seguramente al principio era una tarea que requería dedicación para cada uno de nosotros hasta que lo fuimos interiorizando. De modo que en determinados momentos del día, casi sin pensar, nos cepillamos los dientes. Hemos adquirido, interiorizado, el hábito de cepillarnos los dientes. Y el hábito de meditar es también una práctica, que por nuestra salud física y mental, debemos interiorizar; unos veinte minutos al día y en lo posible dos veces al día. En las investigaciones realizadas al respecto se ha podido observar que se potencian ciertas áreas de nuestro cerebro, se entrena nuestro músculo de la atención, aumentando nuestros niveles de creatividad, es decir, introduce una nueva forma de hacer las cosas, la práctica reduce los niveles del miedo, ayuda a mantenerse más sereno en medio de la dificultad.

A nivel físico activa el sistema parasimpático, que es el que protege a las células del desgaste. «*Mindfulness* significa estar despierto. Significa saber lo que se está haciendo» (Jom Kabat-Zinn).

Recuerdo claramente la reflexión que me hacía mi padre respecto a la atención. Me remarcaba la importancia de estar atenta al momento presente. Yo tenía tendencia a irme hacia mis pensamientos y ausentarme del momento presente. Años más tarde estudié que esta tendencia humana puede llevarnos hacia lo displacentero, es decir, a sentir una carga emocional negativa, incluso si nuestros pensamientos parecen no tener esa carga.

Hoy sabemos que la felicidad no va de la mano de una mente errante. Varios estudios así lo han constatado. Las investigaciones científicas señalan que, cuando nos dejamos arrastrar por ese modo de pensamiento, se activa lo que se conoce como la *red neuronal por defecto* y se desactiva la *red ejecutiva central.* Pero ¿qué es la red neuronal por defecto? Podemos decir que esta red se activa cuando entramos en ese modo de pensamiento de mente errante que tiende a centrarse en el yo y en sus preocupaciones, la mente puede en ocasiones divagar alrededor de fantasías placenteras, pero lo más habitual es que se dirija hacia las preocupaciones. Hoy sabemos que «nuestra mente no está diseñada para quedarse en blanco», por eso creer que meditar es intentar estar con la mente en blanco es una falsa creencia. Cuando la red neuronal por defecto está activada no podemos concentrarnos en una tarea y acallar ese diálogo interno que tenemos todos los seres humanos. La meditación nos enseña a entrenarnos para acallar ese diálogo incesante.

Fue el doctor Marcus Raichle, catedrático de Neurología y Radiología de la Universidad de Washington, quien en 1990 descubrió, mientras realizaba una serie de experimentos mediante resonancias magnéticas funcionales, esta red neuronal por defecto llamada también por la prensa en 1997 la «red de ensueño» o «energía oscura del cerebro». También conocida como «piloto automático», es algo así como una red que asume el control mientras estamos soñando despiertos. En ocasiones realizamos conductas de forma automática. Mientras estamos inmersos en este circuito, como, por ejemplo, cuando estamos conduciendo un coche y al haber incorporado las tareas que son necesarias para su conducción las realizamos automáticamente y nuestra mente está en otro sitio. Este circuito (la red neuronal por defecto) comprende la zona del cerebro llamada la zona medial de los lóbulos temporales, el prefrontal y el parietal.

La red llamada red ejecutiva central es la que que está constituida por varias áreas cerebrales, los núcleos subcorticales, el tronco cerebral y la corteza cerebral. Esta red realiza funciones que controlan la atención y el comportamiento que permiten que la persona sea capaz de realizar un comportamiento independiente y adaptativo.

Es saludable poder desconectar regularmente de nuestras tareas cotidianas de una manera voluntaria para lograr un equilibrio, realizando ejercicio físico, dando un paseo por la naturaleza, o meditando porque el silencio restablece nuestra atención, nos lleva a alcanzar mayor serenidad, para poder dedicarnos a las tareas que requieren concentración. Necesitamos acallar esa mente rumiante, ese diálogo interno continuo, esa voz interior que no cesa. Cualquier práctica contemplativa que lleve a nuestra mente a un elemento neutro que puede ser un mantra, una música relajante, o nuestra propia respiración puede lograr este objetivo.

Investigadores de la Universidad de Oxford señalan la corteza prefrontal lateral del cerebro como el lugar donde se encuentra la conciencia humana. En la tradición popular se dice: «Esa persona no tiene dos dedos de frente», haciendo alusión a la poca capacidad de comprensión de la realidad que tiene la persona en cuestión.

Investigaciones y beneficios del mindfulness

En los últimos 30 años en Occidente, la técnica de *mindfulness* comenzó a divulgarse en diferentes ámbitos de la sociedad. Fue, y es, hoy en día, aplicada en diversas empresas, en hospitales, ámbitos terapéuticos y en algunos centros del ámbito educativo. La ciencia comenzó a indagar los efectos de esta técnica milenaria en el cuerpo humano. La conclusión de los estudios científicos fue ampliamente demostrada, y ha sido reconocida como efectiva en la salud física y emocional, en el estado de ánimo, así como en la reducción del estrés, en una mejoría en la gestión emocional, en un mayor autocontrol, favoreciendo la concentración y la memoria. La ciencia se acerco al *mindfulness* y pudo medir cómo reaccionaban las diferentes áreas del cerebro, cuando a un voluntario se le hace experimentar emociones de todo tipo. Pues gracias a las nuevas tecnologías, como tomografías computadas, resonancias magnéticas y otras técnicas, pudieron demostrar qué sucede a nivel mental cuando se está meditando.

Investigaciones avaladas por prestigiosos centros de estudio y universidades como la Universidad de Harvard del estado de Massachusetts, que es pionera en el estudio de los beneficios de la meditación en nuestro cerebro, corroboró la afirmación de que la meditación «puede transformar físicamente nuestro cerebro». Fue en el año 2015 cuando se dio a conocer un estudio realizado por la neurocientífica Sara Salazar, del Hospital General de Massachusetts, quien estudió a un grupo de personas que llevaban largo tiempo meditando, frente a otro grupo que no había realizado esta práctica. Pudo afirmar que había diferencias en distintas áreas del cerebro de estos dos grupos. Entre ellas señaló una mayor cantidad de materia gris en regiones sensoriales, puesto que el hecho de entrenar tu atención al momento presente genera una mejora en estos sentidos, además de encontrar más materia gris en la corteza prefrontal de los meditadores, lo que permite, entre otras cosas, la toma de decisiones ejecutivas. Los meditadores que tenían 50 años de edad presentaban la misma cantidad de materia gris como si tuvieran 25 años, lo que demuestra que esta práctica disminuye el envejecimiento cerebral.

Recordemos que se conoce como materia gris a ese tejido orgánico de células nerviosas que recubre el cerebro y la médula espinal y que procesa la información del cerebro, la materia gris se desarrolla en área asociadas a la autoconciencia y a la introspección. Además, se pudo medir en los cerebros de los meditadores que la amígdalas cerebrales que están asociadas a la regulación emocional, al estrés, a la ansiedad, al miedo, habían reducido su volumen. Estudios similares demostraron que los meditadores presentaban un mecanismo en el que células podían compartir un aumento de información entre ellas que no mantenían anteriormente, es decir, había un aumento de sinapsis: se produce un enlace a través de una descarga química que viaja entre las neuronas trasmitiendo información, dando como resultado un aumento en el grosor de la corteza cerebral, que es donde se produce la percepción, la toma de decisiones, el pensamiento, la imaginación, a la que Albert Einstein le daba un peso importante en la vida del ser humano.

Recordemos la frase de Albert Einstein: «La imaginación es más importante que el conocimiento. El conocimiento es limitado y la imaginación circunda el mundo».

Esta frase da permiso a utilizar la imaginación como un medio para alcanzar un objetivo y también da la oportunidad de desplegar todos nuestros recursos para alcanzar ese objetivo.

Nuestros procesos cognitivos aumentan las conexiones neuronales, hoy se sabe que esta práctica, este ejercicio mental, si se realiza diariamente, al menos unos 20 minutos al día, a lo largo de nuestra existencia origina un mayor bienestar físico y mental, y por propia experiencia puedo decir que aumenta nuestra capacidad de resiliencia frente a los desafíos a los que nos enfrentamos en la vida. Pues nos permite percibir nuestras experiencias con mayor serenidad, desde una perspectiva más neutral, desde un ángulo más distante, así como un espectador que observa lo que va viviendo con mayor objetividad, buscando la mejor respuesta al momento vivido. Lo que nos permite, además de aplicar el concepto de aceptación, sostener nuestros valores elegidos, viviendo nuestro paso por la vida de forma más plena.

La dimensión espiritual

Existe una dimensión humana que no parece muy bien definida y que suele confundirse, hablo de la *dimensión espiritual* porque se suele equiparar a la religiosidad. Y no es así, ya que una persona puede ser espiritual y no ser religiosa, o ser religiosa pero no ser espiritual.

La espiritualidad es lo que se conoce como *vida interior*, es como se entiende el mundo. Está ligada a cualidades humanas como la empatía, la compasión, la gratitud y otras, todas ellas sustentadas por diversos tipos de amor, como hemos visto en párrafos anteriores. Se adopta la idea de que todos formamos parte del todo y evidentemente nuestros actos y los actos exteriores influyen en nuestro devenir en la vida. La espiritualidad busca dotar de sentido a nuestra vida, es la búsqueda de esa conexión con algo más grande, algo que nos trasciende, tiene que ver con lo que va más allá, trasciende lo conocido. Para algunas personas puede ser la práctica de alguna religión y, para otros, puede ser una conexión con la música, que nos conmueve y nos llena de sentido, para otros es entrar en contacto con la naturaleza donde sentimos, cuando nos sumergimos en ella, un sentido de unicidad. A fin de cuentas es ahondar en el sentimiento de unión para alejarnos del sentimiento de separación. Independientemente del camino elegido para llegar a ese sentimiento de integración, la dimensión espiritual nos lleva a sentirnos parte del todo, nos llena de fortaleza y de conexión con la vida. Practicar la compasión, la gratitud o la meditación son algunas prácticas que nos ayudan a enriquecer esta dimensión tan importante para el bienestar humano.

Relataré brevemente la práctica de un tipo de meditación, el *mindfulness*, un viaje hacia nuestro interior, un ejercicio muy conocido, cada día más en Occidente, que nos lleva a aprender a calmar el ruido mental a través de esta práctica.

Se trata de encontrar unos veinte minutos al día para estar serenos, en silencio y conscientes de nuestra atención. Para su práctica, es recomendable buscar un sitio tranquilo donde conservemos la espalda recta. Podemos buscar una música suave que nos acompañe en nuestra meditación, cerrar los ojos y llevar nuestra atención a nuestra respiración o a cualquier parte de nuestro cuerpo. La mente volverá a disiparse e intentará ir a nuestro pasado o a nuestro futuro. Esos pensamientos que aparecen no debemos anularlos, simplemente observarlos y no detenernos en ellos, como el paisaje que observamos desde la ventanilla de un tren; aunque veamos los árboles no nos detenemos a observarlos, y de una manera amable, debemos volver a traer nuestra atención a una parte de nuestro cuerpo. Pasados los veinte minutos, abriremos despacio los ojos y nos moveremos lentamente hasta llegar a ponernos en actividad.

Muchas personas piensan que meditar es poner la mente en blanco y no pensar en nada. Totalmente falso. La mente siempre está activa, incluso cuando dormimos, cuando soñamos, de modo que nunca está quieta y no se trata de intentar poner la mente en blanco, simplemente llevar nuestra atención a un lugar de nuestro cuerpo. La serenidad que se suele asociar a la meditación es una consecuencia de ese estado, y con la práctica esa serenidad nos acompañará en nuestro día a día, lo que nos permitirá dar la mejor respuesta a las diferentes situaciones que vayamos a experimentar. Es decir, nos permite dar mejores respuestas y que seamos menos reactivos. La finalidad es que nosotros seamos los que dirijamos a nuestra mente, porque si no lo hacemos seremos dirigida por ella y la mente es quien nos altera. Y como nos recuerda el dalái lama: «La mente es como un mono inquieto». De modo que debemos entrenarnos para hacernos dueño de nuestra atención.

El *mindfulness* nos invita a estar presentes en el aquí y ahora desactivando ciertos circuitos neuronales y activando otros, de modo que empieza a cambiar nuestra percepción de las cosas. El hábito de meditar ayuda a que las amígdalas cerebrales, ese detector de alarma que tenemos en nuestro encéfalo, reduzcan su tamaño, ayuda a que estén más equilibradas y a que estemos menos predispuestos al secuestro emocional, pues favorece la gestión de las emociones. Si bien experimentamos enfados o malestar, el tiempo que permanecemos en esos estados es menor, ya no somos reactivos frente a lo que nos pasa, sino que respondemos de manera más funcional.

Como he mencionado anteriormente, se siguen estudiando hoy en día los efectos de esta práctica en nuestra dimensión física, mental y emocional.

Creo que en el siglo XXI se desarrollarán más conocimientos en relación con el mundo físico-mental y espiritual del ser humano.

Ya se conocen las capacidades humanas que podemos entrenar. Su conocimiento y aprendizaje pertenecen al terreno de la educación familiar en primer término, luego la educación institucional y a la educación social. Incidir en estos caminos en pos de alcanzar un mayor bienestar.

Pienso que debemos interesarnos en conocer técnicas, terapias, métodos, que nos ayuden a vivir con mayor plenitud. Debemos ser nosotros los primeros en interesarnos en este terreno, pues podremos encontrar en estas técnicas la que mejor se adapte a nosotros, pero para ello debemos conocerlas para poder elegir. Si seguimos viviendo de espaldas a todo esto, estaremos a merced de conflictos internos y externos creyendo que somos unas meras víctimas y que no contamos con ningún poder para doblegarlos.

La magia que desafía las leyes naturales

Una tarde de verano llegó mi padre con un regalo para nosotras, algo a lo que nos tenía acostumbradas. Pero este regalo era para mi hermana y para mí, nos dijo que debíamos entre las dos leer minuciosamente sus instrucciones y que debíamos comprender de qué se trataba. También nos dijo que tuviéramos en cuenta lo que habíamos aprendido en física y química porque esos conocimientos nos ayudarían a lograr con éxito aquella tarea. Así como que tuviéramos en cuenta los diálogos que teníamos con mi padre sobre diferentes temas. Era común ver a mi padre, cuando estaba en casa, leer un libro o un periódico y algunas veces nos llamaba a su lado para hacernos compartir lo que estaba leyendo. Recuerdo que, en una ocasión, nos explicó cómo funcionaba el teléfono, quién lo había patentado, un científico, un inventor llamado Alexander Graham Bell, en 1876, y cómo podía evolucionar este tipo de comunicación. De modo que nos hacía partícipes de diferentes noticias que algunas veces no habíamos buscado saber, pero nos abría un horizonte amplio, plantaba una semilla para impulsarnos hacia el conocimiento.

El regalo en cuestión era una caja muy grande, muy colorida, traía varios elementos para utilizar. Pedazos de telas, elementos que parecían parte de un rompecabezas, espejos, figuras de personajes, cartas, bolas, imanes, polvos de colores, un traje con sombrero, relojes, dados y por supuesto una varita mágica. Al abrirla nos encontramos con un manual de instrucciones, explicando las estratagemas por realizar y así producir efectos inesperados a los ojos del espectador y por supuesto las indicaciones para lograr impactar al público. Nos pusimos a la tarea, algunos trucos eran más sencillos, pero otros... Le pedimos a mi padre su colaboración en aquellos que no podíamos realizar con éxito.

Hoy, con el paso del tiempo, valoro intensamente ese tipo de educación en la que se intenta incentivar al niño, no solamente para adquirir conocimientos académicos, sino lo que subyace por debajo, es decir, una serie de valores que nos servirán de faro a lo largo de toda nuestra vida. ¿Se ha tenido en cuenta otro tipo de educación aparte de la educación académica tradicional? ¿Hoy día se practican otras formas de educar?

Una figura importante en el mundo educativo fue María Montessori, médica pedagoga y psiquiatra italiana, del siglo xx, que introdujo nuevos conceptos en la educación temprana del niño. Poniendo en valor el desarrollo de las capacidades del niño, a través de un entorno adaptado a él, para que desarrollen su propia autonomía; por ejemplo, colocando a su alcance vasos para que puedan cogerlos y beber si tienen sed. De manera que se les incentive para que adquieran su propia autonomía. Este método pedagógico busca integrar las facetas física, emocional, social y cognitiva del niño. Esto le permitirá al niño adquirir habilidades que le ayudarán en el presente y también a futuro a resolver problemas, a pensar de forma creativa, a trabajar en equipo. En conclusión, a adquirir más herramientas para poder vivir con mayor armonía a pesar de las dificultades u obstáculos que se presenten en la vida.

Hay aproximadamente unas 7000 escuelas Montessori en el mundo, y se calcula que hay otros 5 millones de escuelas de educación tradicional. Por lo que, si nos atenemos a estas cifras, vemos que en su mayoría aún en el siglo xxi se sigue aplicando el método de enseñanza académica. El conocido psicólogo de renombre internacional, de quien ya he hablado, Daniel Goleman es el autor del programa SEL *(social and emotional learning),* señala la importancia de la gestión positiva de las emociones como un determinante a la hora de tener éxito. Muchos centros educativos han comenzado a implementar programas de educación emocional. Y para citar uno más de estos programas me gustaría mencionar al Programa SAT, inspirado en el reputado psiquiatra chileno Claudio Naranjo. Este programa busca cultivar y desarrollar las capacidades humanas y espirituales luego de un largo proceso de estudio, por parte de su autor.

Existen caminos en el mundo de la educación que valoran de forma más holística el desarrollo del ser humano, aplicándolos desde su temprana infancia, con el objetivo de lograr seres más autónomos, entrenando todos sus recursos para que puedan tomar las mejores decisiones, para que puedan llegar a dar las mejores respuestas a lo largo de su desarrollo.

Pienso que resulta primordial desarrollar herramientas y métodos que nos ayuden a abordar los cuestionamientos que nos hemos hecho todos a lo largo de nuestra existencia.

Estos diálogos compartidos con mi padre que he relatado en este libro, y que han sido inspiradores para este, van más allá de la descripción, de la argumentación de las afirmaciones realizadas. He intentado hablar de forma relativamente breve sobre los estudios e investigaciones que se han realizado en el campo físico, mental y espiritual del ser humano. Esas tres dimensiones en las que funcionamos, cuerpo, mente y espíritu, deben ser conocidas y comprendidas en su funcionamiento, y a partir de ese conocimiento entrenarnos en conservar su equilibrio y su mejor rendimiento.

Estas facetas humanas requieren cuidado, requieren estar en equilibro y para ello deberán estar entrenadas.

Las herramientas o métodos en los que nos hayamos entrenado podrán redirigirnos cuando se nos presenten desafíos para superar a lo largo de nuestra existencia y podamos así alcanzar una vida plena.

FIN

REFERENCIAS DE LOS AUTORES

Platón: Filósofo griego discípulo de Socrates y maestro de Aristoteles. Fundo en el año 387a.c. La Academia de Atenas. Ramon Alcoberro- página 30 -Amor por el conocimiento-

Claudio Naranjo: (1932/2019) médico psiquiatra chileno, filósofo y escritor discípulo y sucesor de Fritz Perls (teoría de la Gestalt) militante para un cambio en la educación, para un mayor desarrollo psico espiritual de las personas y de la sociedad. Creador del programa SAT .

Heráclito de Éfeso: Filósofo griego, presocratico consciente del cambio constante de las cosas, entre sus aforismos: "nadie se baña dos veces en el mismo río, porque nuevas aguas corren siempre sobre ti", o "Todo fluye nada permanece" ya que en nuestra existencia, lo único constante es el cambio.

Sócrates: filósofo griego considerado uno de los más grandes, maestro de Platón quien a su vez fue maestro de Aristóteles. Este filósofo sostenía que," una vida sin examen no merece ser vivida".

Método Socrático: la búsqueda del conocimiento a través de la indagación, invita a investigar por uno mismo despertando el pensamiento critico.
El método Socrático , la paradoja y el dialogo, página 50.

Jaques Lacan: psicoanalista francés (1901/ 1981) fue discípulo de Freud y reformulo sus teorías.

Jean Paul Sartre: (1905/ 1980) filósofo, escritor, novelista .Premio novel de literatura en 1964.

Epigenética : es el estudio de los cambios que pueden sufrir los genes, sin cambiar la secuencia del ADN.

Conrad Hall Waddington: (1905/1975) biólogo, genestista escoses , introdujo el término epigenética.

Esopo: escritor griego, final del siglo VII a.c.

Jean de la Fontaine: (1621/1695) fabulista francés.

Charles Perrault: (1628/1703) escritor francés, dio forma literaria a los cuentos clásicos infantiles.

Albert Einstein: (1879/1955) físico, científico alemán, considerado una figura de renombre del siglo XX.

Psicología de la percepción visual cerebro mente y conciencia (ondas cerebrales durante el sueño).

Sistema Glinfático: descubierto por científicos de la Universidad de Rochester, EEUU en 2012, este sistema elimina los desechos y partículas tóxicas del cerebro.

Aaron Bunsen Lerner: (1920/2007) investigador de la Universidad de Rocefeller ,dermatólogo estadounidense , que logró aislar y identificar la hormona de la Melatonina en 1958.

Revista Science Advances fases del sueño REM .

Andrew Weil: 1942. médico estadounidense creador de la técnica 4-7-8 para dormirse en un minuto inspirado en el yoga.

Edmun Jacobson: (188/1983) médico estadounidense psiquiatra y fisiólogo creador en 1929, del método de relajación muscular progresiva que reduce la ansiedad y el estrés.

Daniel Goleman: 1946- psicólogo, periodista escritor estadounidense creador del libro Inteligencia emocional en 1995 con el que adquirió fama mundial. Creador del programa SEL (social and emotional learning) aprendizaje en conocimientos, habilidades para manejar emociones.

Francine Shapiro (1948/2019) psicóloga estadounidense creadora del método EMDR(1987) para tratar y curar el estrés post traumatico (TEP).

Instituto de investigación de Palo Alto California: MIR-Mental Research Institute-es un centro de investigación fundado por el Dr Jackson y otros colaboradores en 1959 , este psiquiatra se interesó en el estudio de la esquizofrenia.

Roger W. Sperry: (1913/ 1994) biólogo, neurocientífico y psicólogo estadounidense, Premio Nobel de medicina en 1981 por su teoría de la especialización de los hemisferios cerebrales.

David Hunter Hubel: (1926/2013) Premio Nobel de Medicina en 1981 realizo aportaciones fundamentales al conocimiento de la fisiología visual.

Torsten Nils Wiesel: 1924- neuropsicologo sueco, Ganador del premio Nobel de Medicina en 1981 por sus aportaciones en el estudio de la área visual cerebral. Premio que compartió con David Hunter Hubel y Roger Wolcott Sperry.

Paul Maclean: (1913/2007) médico, neurocientífico estadounidense desarrollo la teoría del cerebro triúnico. Cerebro reptiliano, sistema limbico y neocorteza que interaccionan permanentemente para producir una conducta.

Neurocardiología: estudia los trastornos cardíacos y cerebrales y como se afectan mutuamente.

Santiago Ramón y Cajal: (Neurólogo español ganador Premio Nobel de Fisiología en 1906, descubrió que el sistema nervioso y el cerebro están compuestos por células nerviosas y estas células envían y reciben información. Teoría neuronal.

Yibrán Jalil Yibrán (1883/1931) poeta, pintor novelista libanés. Su libro "El Profeta" publicado en 1923.

Erick Fromm: (1900/1980) psicoanalista, filósofo humanista alemán,su libro "El arte de Amar se publicó en 1956.

Fritz Talbo: médico pediatra de Boston ,estadounidense.

Charles Scott Sherington: (1857/1952) neurofisiologo británico Premio Nobel de Medicina en 1932 estudio de las funciones de la corteza cerebral, el estudio del sistema nervioso central (SNC) y el sistema nervioso perisferico (SNP). Introdujo el término Sinapsis en 1897. Clasificó los órganos sensoriales humanos, exteroceptores, interoceptores y propioceptores.

Oliver Sacks: (1933/2015) neurólogo escritor británico especialista en desordenes del sistema nervioso.

Mihály Csikszentmihályi: (1934/2021) psicólogo,escritor hungaroestadounidense realizo investigaciones sobre la felicidad , la creatividad, el bienestar humano. Creador de la Teoría del Flujo (experiencia óptima).

Thomas Alva Edison: (1847/1931) inventor, científico estadounidense del siglo XX. Participo en la invención de varios dispositivos muy importante . Su invención de la bombilla eléctrica se produce en 1879.

Carl Gustav Jung: (1875/1961) médico, psiquiatra suizo, señalo la existencia de patrones universales en el inconsciente humano llamados arquetipos. Desarrollo conceptos como el inconsciente colectivo, el ser humano esta influido por las experiencias de sus antepasados y describió el concepto de la sombra, el lado oculto de la psiques humana.

Eckhart Tolle :guía espiritual, escritor alemán sostiene que se puede mitigar el sufrimiento manteniendo el enfoque en el ahora. Autor de varios libros entre ellos " El poder del Ahora".

Joseph Ledoux: 1940 neurocientífico estadounidense investigo los circuitos de supervivencia humana (el miedo).

Sigmund Freud:(1856/1939) neurólogo, psiquiatra austriaco, padre del psicoanálisis, investigador de la mente humana.

Robert Louis Steveson:(1850/1894) novelista, poeta, ensayista británico. Autor de "Dr Jekyll y Mr Hyde" entre otros.

Rene Descartes: (1596/1650) filósofo, matemático, físico francés estableció el dualismo res cogitans (el alma) res extensa (el cuerpo).

Antonio Damasio: 1944 médico, neurológo portugués. Publica "El error de Descartes" en 1994.Sostiene que las emociones y los sentimientos guían el comportamiento y la racionalidad requiere un aporte emocional.

Isaac Newton: (1642/1727) físico, alquimista, teólogo e inventor inglés, sostenía que: La luz es fuente de color. Postuló leyes que explicaban los movimientos de los cuerpos, sus efectos y causas.

Acromatopsia: enfermedad ocular congenita, pérdida de visión de colores.

Sinestesia: es una condición que permite oír colores, ver sonidos.

Corteza visual primaria: es el área que recibe la información visual y realiza su procesamiento.

Aristóteles: científico, filosofo, griego (384/322a.c) junto con Socrates y Platón constituyeron los filósofos más influyentes de la historia. Estudio todas las áreas del conocimiento humano, lógica, matemática, ética.

Metáfisica: es el estudio de las causas y los orígenes, para Aristóteles era la ciencia principal.

Gestalt: Corriente psicológica que se enfoca en el aquí y ahora.

Friterich Perls, neuropsiquiatra (1893/1970) creador junto a su esposa **Laura Posner,** (1905/1990) psicoterapeuta de la Terapia de la Gestalt.

Carl Roges (1902/1987) psicológo estadounidense inicia junto a Abraham Maslow de la psicológia humanista , que surge en el siglo XX.

Gordon Allport: (1897/1967) psicólogo estadounidense dedicado al estudio de la personalidad.

Paul Wong: 1937- psicólogo canadiense . Psicología existencial positiva.

Claudio Naranjo: (1939/2019) psiquiatra chileno, seguidor de la escuela de la Gestalt, referente de la psicología transpersonal esta rama, estudia los aspectos espirituales y trascendentes del ser humano.

Jenofonte: (431/354) historiador, de la antigua Grecia discípulo de Socrates.

Jean Jaques Rouseeau: (1712/1778) polimata suizo, escritor, filosófo.

Thomas Hobbes: (1588/1679) filosofo ingles. "El hombre es malo por naturaleza"

Richard Davidson: 1951 psicológo estadounidense Universidad de Wisconsin Madison. Es director de, Center for Healthy Minds (Centro para Mentes Saludables) su objetivo, investigar y medir la salud emocional y el bienestar.

Neurociencia Afectiva: estudia los procesos emocionales en el cerebro humano.

Dalai Lama: Líder espiritual del Budismo Tibetano-

Jon Kabat Zinn: 1944- biológo molecular escritor .Para la salud la interacción cuerpo-mente es fundamental.

Elisabeth Küler Ross: (1926/2004) psiquiatra suizo estadounidense.

Martin Seliman: 1942 -psicólogo estadounidense, presidente de la APA 1996.

Chris Peterson: 1950 psicólogo estadounidense reconocido en el campo de la psicología positiva.

Madam Kataria: 1955- médico Indú creador del yoga de la risa en 1995.

Hunter Doherty: 1945- médico estadounidenese fundador del Institut Gesundheit 1972.

Green Shadow Cabinet EEUU: Desde 2015 Hunter Doherty es secretario de salud, para la salud holistica.

Zenon de Citio: (334/262a.c.) fundador de la escuela estoica.

Seneca: (4a.c/65d.c) político, filósofo romano, seguidor de la escuela estoica.

Marco Aurelio: (121/180d.c.) emperador romano.

Epicteto: (55/135) filósofo griego, maestro estoico.

Neurociencia: rama de la medicina que estudia el sistema nervioso.

Institut Heartmath California :líder mundial en investigación de la variabilidad del ritmo cardíaco.

Dr J Andrew Armour :neurocardiologo introdujo el término cerebro del corazón en 1991.

Annie Marquier: 1940-francesa, matemática e investigadora de la conciencia humana. Instituto para el desarrollo de la persona fundado en 1982.

Matthieu Ricard: 1946- biólogo molecular,monje budista, escritor,colaborador en investigaciones científicas.

Francois Jacob: 1920/2013 biólogo francés Premio Nobel de Medicina en 1965.

Marcus Raichle: 1937- neurólogo estadounidense, describe la Red Neuronal por Defecto en 1990.

Clínica reducción de estrés REBAP: Fundada en 1979 por el doctor Jon Kabat Zinn basada en la atención plena (Mindfulness).

Red Ejecutiva Central :se ocupa de la atención y resolución de problemas.

Universidad de Havard: pionera en el estudio de la meditación, Mindfulness constatando sus beneficios físicos y emocionales.

Sara Salazar: neurocientífica, universidad de Havard estudio los beneficios de la meditación.

Alexander Graham Bell: (1847/1922) científico, estadounidense de origen escoses.

María Montesori: (1870/1952) médica, pedagoga, psiquiatra italiana .Estableció un método educativo, funda en 1907 la Casa de bambini.

Daniel Goleman: 1946- psicólogo, periodista , escritor. Desarrollo el concepto de Inteligencia emocional autor del best seller "La inteligencia Emocional".

Programa SEL: proceso desarrollado por Daniel Goleman por el que se adquieren habilidades para manejar emociones.

Programa SAT: creado por el Dr Claudio Naranjo cuyo objetivo es desarrollar una actitud más amorosa consigo mismo y con los demás. Autoconocimiento y transformación.